AF197810

Die Erfindung
des Sherlock Holmes

Details, Perspektiven und Mysterien

Eine Betrachtung

von

Lutz Spilker

DIE ERFINDUNG DES SHERLOCK HOLMES
DETAILS, PERSPEKTIVEN UND MYSTERIEN

Bibliografische Information der Deutschen Nationalbibliothek:
Die Deutsche Nationalbibliothek verzeichnet diese Publikation in der Deutschen Nationalbibliografie; detaillierte bibliografische Daten sind im Internet über http://dnb.dnb.de abrufbar.

Softcover ISBN: 978-3-384-51108-9
Ebook ISBN: 978-3-384-51109-6

© 2025 by Lutz Spilker
https://www.webbstar.de
Druck und Distribution im Auftrag des Autors:
tredition GmbH, An der Strusbek 10, 22926 Ahrensburg, Germany

Inhalt

Wenn du das Unmögliche ausgeschlossen hast, dann ist das, was übrig bleibt, die Wahrheit, wie unwahrscheinlich sie auch ist.

Sir Arthur Conan Doyle

Sir Arthur Ignatius Conan Doyle (* 22. Mai 1859 in Edinburgh, Schottland; † 7. Juli 1930 in Crowborough, Sussex, England) war ein britischer Arzt und Schriftsteller. Er verfasste die Abenteuer von Sherlock Holmes und dessen Freund Dr. Watson. Bekannt ist auch die Figur Challenger aus seinem Roman ›Die vergessene Welt‹, die als Vorlage für zahlreiche Filme und eine Fernsehserie diente.

Vorwort

Es gibt nur wenige literarische Figuren, die eine solche Unsterblichkeit erreicht haben wie Sherlock Holmes. Seit seinem ersten Erscheinen im Jahr 1887 in ›A Study in Scarlet‹ hat der berühmte Detektiv mit der unverwechselbaren Pfeife und dem messerscharfen Verstand Generationen von Lesern in seinen Bann gezogen. Seine Methoden wurden bewundert, seine Fälle sorgten für Staunen, und seine Persönlichkeit faszinierte – und tut es bis heute.

Doch wer oder was machte Sherlock Holmes zu der Ikone, die er heute ist? Welche Einflüsse prägten seine Erfindung? Und warum fesselt uns dieser außergewöhnliche Charakter noch über ein Jahrhundert nach seiner Entstehung?

Dieses Buch begibt sich auf eine Spurensuche nach der Herkunft und der anhaltenden Faszination der wohl berühmtesten Detektivfigur der Literaturgeschichte. Die Erfindung von Sherlock Holmes ist nicht nur das Werk eines genialen Schriftstellers, sondern das Resultat zahlreicher Einflüsse: medizinische Erkenntnisse, reale Persönlichkeiten, das viktorianische Zeitgeschehen und der unaufhaltsame Fortschritt der Wissenschaft. Sir Arthur Conan Doyle schuf mit Holmes eine Figur, die weit über ihre literarischen Ursprünge hinauswuchs und heute als Archetyp des brillanten, aber eigenwilligen Ermittlers gilt.

Doch der Weg zu dieser literarischen Legende war keineswegs vorherbestimmt. Conan Doyle, ein ausgebildeter Mediziner mit einer tiefen Bewunderung für Logik und Wissenschaft, schöpfte aus vielfältigen Quellen, um eine Figur zu erschaffen, die sich durch rationale Deduktion und unerschütterlichen Scharfsinn von allen bisherigen literarischen Detektiven abhob. Insbesondere sein Universitätsprofessor Dr. Joseph Bell, ein Meister der Beobachtung und Diagnostik, gilt als direktes Vorbild für Holmes' Methode der forensischen Analyse. Gleichzeitig trug das gesellschaftliche Klima des viktorianischen Englands mit seinen kriminalistischen und wissenschaftlichen Entwicklungen maßgeblich zur Entstehung des Detektivs bei.

Doch Holmes wäre nicht Holmes ohne seine Eigenheiten. Sein distanzierter Charakter, seine nahezu übermenschliche Kombinationsgabe, seine Abneigung gegen gesellschaftliche Konventionen und sein unbändiger Drang nach geistiger Herausforderung machten ihn einzigartig. Er war kein fehlerloser Held, sondern eine vielschichtige, fast widersprüchliche Figur – ein Einzelgänger, der zugleich die Dynamik mit seinem treuen Freund Dr. Watson benötigte, um wirklich zur Geltung zu kommen. Diese Dualität machte ihn nicht nur glaubwürdig, sondern auch menschlich.

Über die Jahrzehnte hinweg hat sich Sherlock Holmes von einer literarischen Figur zu einem popkulturellen Phänomen entwickelt. Er wurde in zahlreichen Verfilmungen, Serien und Adaptionen neu interpretiert, seine Fälle wurden unzählige Male nacherzählt, weitergedacht und modernisiert. Und dennoch bleibt der ursprüngliche Holmes unübertroffen. Seine Gestalt ist längst mehr als eine Erfindung Conan Doyles – sie gehört zum kollektiven Gedächtnis der Weltliteratur.

In diesem Buch erkunden wir die Ursprünge und Hintergründe von Sherlock Holmes. Wir beleuchten, wie Conan Doyle seinen Detektiv erschuf, welche Inspirationen ihn leiteten und warum Holmes auch nach über 130 Jahren noch immer so lebendig ist wie am ersten Tag. Begleiten Sie mich auf einer Reise in die Welt des rationalen Denkens, der literarischen Genialität und des größten Detektivs aller Zeiten: Sherlock Holmes.

Das viktorianische England:
Eine Gesellschaft im Wandel

Der Aufstieg der Industrialisierung

Das viktorianische England war eine Epoche enormer gesell-
schaftlicher, wirtschaftlicher und wissenschaftlicher Veränderungen. Die industrielle Revolution veränderte das Land tiefgreifend. Fabriken schossen in den Großstädten wie London, Man-
chester und Birmingham aus dem Boden und zogen eine Welle
von Landbewohnern in die urbanen Zentren. Doch dieser Fortschritt hatte auch Schattenseiten: Enge Wohnverhältnisse,
schlechte Arbeitsbedingungen und eine wachsende soziale Un-
gleichheit prägten das Leben vieler Menschen. Während die Mit-
telschicht von neuen wirtschaftlichen Möglichkeiten profitierte,
kämpfte die Arbeiterklasse um ihr Überleben. In dieser sich rasant verändernden Welt entstand das Bedürfnis nach Ordnung
und Gerechtigkeit – ein ideales Umfeld für einen scharfsinnigen
Ermittler wie Sherlock Holmes.

Fortschritte in Wissenschaft und Kriminalistik

Parallel zur gesellschaftlichen Umwälzung schritt die Wissenschaft in großen Schritten voran. Die Medizin erlebte einen
Durchbruch mit der Entdeckung von Keimen als Ursache von
Krankheiten, was zu verbesserten Hygienestandards und einer
höheren Lebenserwartung führte. In der Chemie, Physik und

Biologie wurden fundamentale Erkenntnisse gewonnen, die auch die Kriminalistik nachhaltig beeinflussten.

Die Polizei entwickelte sich in dieser Zeit weiter. 1829 wurde die Metropolitan Police in London gegründet, die ein neues Zeitalter der Strafverfolgung einläutete. Mit der Gründung des ›Criminal **I**nvestigation **D**epartment‹ (CID) im Jahr 1878 begann die systematische Untersuchung von Verbrechen. Neue Methoden wie die forensische Ballistik, toxikologische Analysen und der Fingerabdruck als Identifikationsmethode fanden Einzug in die Ermittlungsarbeit. Doch trotz dieser Fortschritte war die Polizei oft überfordert, und viele Fälle blieben ungelöst. Genau hier kam Sherlock Holmes ins Spiel: Seine überlegene Intelligenz, seine akribische Beobachtungsgabe und seine wissenschaftlich fundierte Methodik machten ihn zum perfekten Ermittler in einer Zeit, in der Rationalität und Fortschritt gefragt waren.

Das gesellschaftliche Klima und die Moralvorstellungen

Die viktorianische Gesellschaft war geprägt von strengen moralischen Normen. Werte wie Disziplin, Anstand und Zurückhaltung bestimmten das öffentliche Leben, während hinter verschlossenen Türen oft ganz andere Realitäten herrschten. Prostitution, Korruption und Gewalt waren allgegenwärtig, doch die Gesellschaft neigte dazu, diese Probleme zu verdrängen. Das öffentliche Bild von Ordnung und Fortschritt stand in scharfem Kontrast zur Realität der dunklen Gassen Londons, wo Verbrechen florierten.

Sherlock Holmes war eine Figur, die genau diese Dualität der Gesellschaft reflektierte. Einerseits verkörperte er die Rationalität und den Fortschrittsglauben seiner Zeit, andererseits bewegte er sich in einer Welt voller Geheimnisse, Täuschungen und menschlicher Abgründe. Seine detektivischen Fähigkeiten erlaubten es ihm, die Maske der Gesellschaft zu durchdringen und die Wahrheit ans Licht zu bringen.

Das viktorianische Zeitalter bot die ideale Kulisse für die Entstehung von Sherlock Holmes. In einer Welt, die sich rasant veränderte, wuchs das Bedürfnis nach logischen Erklärungen und strukturierten Ermittlungen. Arthur Conan Doyle erschuf mit Holmes eine Figur, die diesen Geist der Zeit einfing – einen Detektiv, der sich auf Wissenschaft und Deduktion stützte, um Verbrechen in einer Gesellschaft aufzuklären, die zwischen Fortschritt und Chaos schwankte.

Arthur Conan Doyle: Ein Leben zwischen Medizin und Literatur

Die frühen Jahre – Kindheit und Jugend

Arthur Conan Doyle wurde am 22. Mai 1859 in Edinburgh, Schottland, geboren. Seine Familie war irischer Abstammung, und sein Vater, Charles Altamont Doyle, war ein talentierter, aber von Alkoholproblemen geplagter Künstler. Seine Mutter, Mary Doyle, war eine kluge und belesene Frau, die ihrem Sohn früh eine Liebe zur Literatur und zum Geschichtenerzählen vermittelte. Trotz finanzieller Schwierigkeiten in der Familie erhielt der junge Arthur eine erstklassige Ausbildung am Jesuiteninternat Stonyhurst College. Dort entwickelte er nicht nur eine Faszination für Geschichte und Literatur, sondern auch ein Gespür für scharfsinnige Beobachtung – eine Eigenschaft, die später sein literarisches Werk prägen sollte.

Nach seiner Schulzeit entschied sich Doyle für ein Medizinstudium an der Universität Edinburgh. Hier begegnete er einem Mann, der seine schriftstellerische Karriere unwissentlich entscheidend beeinflussen sollte: Dr. Joseph Bell. Bell war ein Dozent, dessen außergewöhnliche Fähigkeiten in der Diagnostik legendär waren. Er war bekannt dafür, Patienten allein durch minutiöse Beobachtungen ihrer Haltung, Kleidung oder ihres Sprechstils zutreffend zu analysieren. Diese Methode faszinierte den jungen Medizinstudenten und sollte später als direkte Inspiration für Sherlock Holmes dienen.

Medizinische Laufbahn und erste literarische Versuche

Während seines Studiums begann Doyle, Kurzgeschichten zu schreiben. Seine erste veröffentlichte Geschichte, ›The Mystery of Sasassa Valley‹, erschien 1879, als er noch Medizinstudent war. Nach Abschluss seines Studiums im Jahr 1881 begann er seine Tätigkeit als Schiffsarzt auf einem Walfänger in die Arktis – eine Erfahrung, die ihn nicht nur körperlich forderte, sondern ihm auch eine neue Perspektive auf das menschliche Überleben und die Naturgewalten gab. Später reiste er als Bordarzt nach Westafrika, bevor er sich als praktizierender Arzt in Portsmouth niederließ.

Doch die Praxis lief nicht besonders gut. Während er auf Patienten wartete, begann Doyle verstärkt zu schreiben. Seine ersten Romane fanden nur begrenzte Beachtung, doch er ließ sich nicht entmutigen. Seine Liebe zur Literatur war ebenso stark wie sein Interesse an der Medizin, und so balancierte er weiterhin zwischen beiden Welten.

Der Durchbruch mit Sherlock Holmes

1886 begann Doyle mit der Arbeit an einer Geschichte, die sein Leben für immer verändern sollte: ›A Study in Scarlet‹. In dieser Geschichte führte er erstmals den Meisterdetektiv Sherlock Holmes und dessen treuen Freund Dr. John Watson ein. Die Inspiration durch Dr. Joseph Bell war unverkennbar, denn Holmes nutzte dieselbe deduktive Methodik, die Doyle während seines Studiums so beeindruckt hatte.

Als der Roman 1887 veröffentlicht wurde, war die Resonanz zunächst verhalten. Doch mit der Veröffentlichung weiterer Geschichten in der Zeitschrift ›The Strand Magazine‹ wurde Sherlock Holmes rasch zum literarischen Phänomen. Doyle erkannte bald, dass seine Schöpfung größere Popularität genoss als alles, was er bis dahin geschrieben hatte – und dass Holmes sein Leben fortan dominieren würde.

Kampf mit dem eigenen Erfolg

Obwohl Sherlock Holmes ihm finanziellen Wohlstand und Ruhm bescherte, empfand Doyle die Figur zunehmend als Belastung. Sein eigentliches Interesse galt der historischen und ernsthaften Literatur, doch die Öffentlichkeit verlangte nach immer neuen Holmes-Geschichten. Um sich von dem Detektiv zu befreien, ließ er Holmes in ›The Final Problem‹ (1893) an den Reichenbachfällen sterben. Doch der öffentliche Aufschrei war gewaltig. Leser trugen Trauerflor, Zeitungen erhielten wütende Zuschriften, und Doyle wurde gezwungen, Holmes in ›The Hound of the Baskervilles‹ (1902) und später in ›The Return of Sherlock Holmes‹ (1903) zurückzubringen.

Die späten Jahre – Okkultismus und Weltanschauung

Mit zunehmendem Alter wandte sich Doyle verstärkt spiritistischen Themen zu. Der Erste Weltkrieg und der Verlust seines Sohnes Kingsley bestärkten ihn in seinem Glauben an das

Übernatürliche. Während viele seiner Zeitgenossen ihn für diese Ansichten belächelten, verteidigte Doyle seinen Spiritismus leidenschaftlich und veröffentlichte mehrere Werke zu diesem Thema.

Gleichzeitig engagierte er sich für soziale Reformen und setzte sich für unschuldig Verurteilte ein, indem er Kriminalfälle untersuchte – ganz im Stile seines literarischen Helden. 1930 verstarb Arthur Conan Doyle an einem Herzinfarkt, hinterließ jedoch ein Erbe, das die Literaturwelt für immer veränderte.

Arthur Conan Doyle war weit mehr als nur der Erfinder von Sherlock Holmes. Er war ein talentierter Arzt, ein abenteuerlustiger Reisender, ein passionierter Schriftsteller und ein Mann mit tiefen Überzeugungen. Sein Leben war ein ständiger Balanceakt zwischen Medizin und Literatur, zwischen Rationalität und Spiritualität. Trotz seines zwiespältigen Verhältnisses zu Holmes bleibt sein Einfluss auf die Kriminalliteratur unübertroffen – eine literarische Figur, die ihn selbst überlebte und bis heute Generationen fasziniert.

Dr. Joseph Bell: Das reale Vorbild für Sherlock Holmes

Ein Mentor mit außergewöhnlichen Fähigkeiten

Als Arthur Conan Doyle 1876 sein Medizinstudium an der Universität Edinburgh begann, ahnte er nicht, dass einer seiner Professoren ihn zu einer der berühmtesten literarischen Figuren der Welt inspirieren würde. Dr. Joseph Bell, ein angesehener Chirurg und Dozent, hinterließ einen so bleibenden Eindruck auf den jungen Doyle, dass er Jahre später die Fähigkeiten und Methoden dieses außergewöhnlichen Mannes auf den Meisterdetektiv Sherlock Holmes übertrug.

Bell war kein gewöhnlicher Arzt. Seine Vorlesungen waren legendär, nicht nur wegen seines tiefen Wissens, sondern auch aufgrund seiner beeindruckenden Beobachtungsgabe. Er konnte aus kleinsten Details Rückschlüsse auf die Herkunft, den Beruf oder sogar persönliche Angewohnheiten seiner Patienten ziehen. Er demonstrierte seinen Studenten immer wieder, wie wichtig es sei, nicht nur das Offensichtliche zu betrachten, sondern auch verborgene Hinweise zu entschlüsseln. Diese Methode, die analytische Deduktion, bildete später das Fundament der Arbeitsweise von Sherlock Holmes.

Die Kunst der Deduktion

Dr. Bell war ein Meister darin, mit wenigen Blicken Informationen zu extrahieren, die anderen verborgen blieben. Er konnte aus der Beschaffenheit der Hände eines Patienten auf dessen Beruf schließen oder anhand von Gang und Haltung erkennen, ob jemand Schmerzen hatte. Diese Fähigkeit, scheinbar unbedeutende Details zu einer fundierten Analyse zu verknüpfen, wurde zu einer der wichtigsten Eigenschaften von Sherlock Holmes. In seinen späteren Schriften erinnerte sich Conan Doyle oft daran, wie Bell mit einer faszinierenden Präzision Diagnosen stellte, lange bevor die Patienten überhaupt ein Wort gesagt hatten. Diese *wissenschaftliche Kriminalistik* war in einer Zeit, in der forensische Untersuchungen noch in den Kinderschuhen steckten, revolutionär.

Ein Arzt, der mehr als Medizin lehrte

Dr. Bell war nicht nur ein herausragender Diagnostiker, sondern auch ein Mann mit hohen ethischen Standards. Er vermittelte seinen Studenten, dass Beobachtung und Intuition ohne Mitgefühl und Verantwortungsbewusstsein wertlos seien. Diese Haltung übertrug sich auf Holmes, der trotz seiner kühlen und berechnenden Natur stets dem moralischen Kodex folgte, Gerechtigkeit über alles zu stellen. Bell selbst arbeitete gelegentlich als Berater für die Polizei, was eine weitere Parallele zu Holmes' Tätigkeit als Berater von Scotland Yard darstellt.

Es war nicht nur die Art, wie Bell Patienten analysierte, sondern auch, wie er Probleme anging, die Doyle tief beeindruckten. Er war methodisch, er zweifelte nie an seinen Schlussfolgerungen und er besaß eine fast übermenschliche Fähigkeit, Menschen zu durchschauen. Dieses Bild eines überlegenen Denkers, der mit reinem Verstand komplexe Rätsel löst, wurde zur Essenz von Sherlock Holmes.

Die Anerkennung Doyles

Arthur Conan Doyle hat niemals einen Hehl daraus gemacht, dass Dr. Joseph Bell das Hauptvorbild für Sherlock Holmes war. In mehreren Briefen und Interviews äußerte er sich offen über Bells Einfluss und erzählte, wie sehr ihn die Lehren seines ehemaligen Professors prägten. Bell selbst war sich dieser Verbindung bewusst und nahm sie mit Humor. Er soll sogar zu Doyle gesagt haben: »Sie sind es also, der mich zum berühmtesten Detektiv der Welt gemacht hat!«

Obwohl Sherlock Holmes als rein literarische Figur erschaffen wurde, blieb Dr. Bells Geist in jeder seiner analytischen Schlussfolgerungen lebendig. Doyles Hommage an seinen Mentor zeigt, wie sehr ihn dessen außergewöhnlicher Verstand und sein unermüdliches Streben nach Wahrheit beeindruckten. Ohne Dr. Bell hätte es Sherlock Holmes in der uns bekannten Form wohl nie gegeben.

Dr. Joseph Bell war weit mehr als nur ein Mediziner – er war ein visionärer Lehrer, ein brillanter Analytiker und ein Vorbild für Generationen von Ärzten und Schriftstellern. Seine Fähigkeiten, die Kunst der Deduktion mit medizinischer Präzision zu verbinden, legten den Grundstein für eine der ikonischsten Figuren der Literaturgeschichte. Arthur Conan Doyle nahm die Lehren seines Mentors auf und verwandelte sie in eine literarische Figur, die bis heute fasziniert und inspiriert. Sherlock Holmes mag fiktiv sein, doch seine geistige Herkunft liegt in der realen Welt – in den Vorlesungssälen der Universität Edinburgh, wo ein junger Medizinstudent von der Brillanz eines Mannes tief beeindruckt wurde.

Die ersten Detektivgeschichten: Literarische Vorläufer von Holmes

Edgar Allan Poe und die Geburt der Detektivgeschichte

Bevor Arthur Conan Doyle seinen berühmten Meisterdetektiv Sherlock Holmes erschuf, hatte die Welt bereits erste literarische Detektive kennengelernt. Einer der wichtigsten Pioniere dieses Genres war Edgar Allan Poe, der mit seinem Charakter C. Auguste Dupin den Grundstein für viele spätere Detektivfiguren legte. Poe veröffentlichte 1841 die Kurzgeschichte ›The Murders in the Rue Morgue‹ (Die Morde in der Rue Morgue), die als erste moderne Detektivgeschichte gilt. Dupin ist ein exzentrischer, brillanter Denker, der seine Fälle durch reine Logik und sorgfältige Analyse löst. Seine Methode des ›ratiocinative reasoning‹, also des logischen Schlussfolgerns, war revolutionär und wurde von späteren Autoren, insbesondere Doyle, aufgegriffen.

In ›The Murders in the Rue Morgue‹ zeigt sich bereits ein Muster, das für Detektivgeschichten prägend werden sollte: Ein scheinbar unlösbares Verbrechen, ein unkonventioneller Ermittler, der durch außergewöhnliche Beobachtungsgabe und logisches Denken zur Wahrheit gelangt, und ein Erzähler, der die Geschichte dokumentiert und gleichzeitig als Vermittler zwischen Leser und Detektiv dient. Diese Struktur übernahm Doyle fast eins zu eins für seine Holmes-Geschichten, mit Dr. Watson als Pendant zu Poes anonymem Erzähler.

Auch Poes weitere Geschichten über Dupin, wie ›The Mystery of Marie Rogêt‹ (Das Geheimnis der Marie Rogêt) und ›The Purloined Letter‹ (Der entwendete Brief), trugen dazu bei, den Archetyp des Detektivs zu formen: einen brillanten, oft leicht arroganten Denker, der sich mit der Polizei misst und ihr stets überlegen ist. Doyle erkannte die Stärke dieses Charakters und erweiterte ihn, indem er Holmes nicht nur scharfsinnig, sondern auch exzentrisch und komplex gestaltete.

Wilkie Collins und die Einführung kriminalistischer Elemente

Ein weiterer wichtiger Einfluss auf Doyle war Wilkie Collins, dessen Romane ›The Woman in White‹ (Die Frau in Weiß, 1860) und ›The Moonstone‹ (Der Monddiamant, 1868) frühe Elemente des Detektivromans enthielten. ›The Moonstone‹ wird oft als einer der ersten vollwertigen Detektivromane der englischen Literatur angesehen. Darin wird eine verschwundene Kostbarkeit gesucht, und verschiedene Erzählerperspektiven tragen zur allmählichen Aufklärung des Falls bei. Besonders bemerkenswert ist die Figur des Sergeant Cuff, eines Polizeiinspektors mit außergewöhnlichem Spürsinn, der später als Vorbild für viele literarische Ermittler diente. Auch Holmes übernahm von ihm gewisse Charakterzüge, insbesondere seine Methodik und seine Aufmerksamkeit für kleinste Details.

Collins verband geschickt kriminalistische Spannung mit psychologischer Tiefe und moralischen Dilemmata. Seine Detektive waren nicht nur kalte Logiker, sondern auch Menschen mit

Eigenheiten und Zweifeln – ein Konzept, das Doyle weiterführte, indem er Holmes mit Schwächen und Marotten ausstattete, etwa seiner Vorliebe für Kokain oder seiner oft schroffen Art gegenüber Mitmenschen.

Émile Gaboriau und der französische Detektiv Lecoq

Zeitgleich mit den Werken von Collins entstand in Frankreich die Figur des Monsieur Lecoq, erschaffen von Émile Gaboriau. Sein Roman ›L'Affaire Lerouge‹ (1866) führte den französischen Ermittler ein, der sich durch außergewöhnliche Deduktionsfähigkeit auszeichnete. Lecoq war ein raffinierter und methodischer Detektiv, der wissenschaftliche und psychologische Herangehensweisen kombinierte, um seine Fälle zu lösen. Seine akribische Analyse von Tatorten und Beweisen erinnert stark an Holmes' Vorgehensweise.

Doyle schätzte Gaboriaus Romane, übertraf aber mit Holmes deren Komplexität und erzählerische Tiefe. Während Lecoq oft noch von Zufällen abhängig war, ließ Doyle Holmes fast ausschließlich auf deduktiver Logik basieren, was dessen Ermittlungsmethoden einzigartig machte. Dennoch kann Lecoq als Bindeglied zwischen Dupin und Holmes betrachtet werden, da er eine deutlichere Trennung zwischen Polizei und privatem Ermittler etablierte.

Charles Dickens und die kriminalistische Erzählweise

Selbst Charles Dickens, vor allem als Romancier bekannt, trug zur Entwicklung der Detektivgeschichte bei. In ›Bleak House‹ (1852) erschuf er Inspector Bucket, einen hartnäckigen Ermittler, der methodisch Spuren verfolgte und als einer der ersten Detektive in der Literatur mit echtem Polizeihintergrund gilt. Dickens' Einfluss auf Doyle zeigt sich vor allem in der atmosphärischen Schilderung von London: Die düsteren, nebelverhangenen Gassen und die kriminellen Unterwelten der Stadt, die in Holmes' Geschichten eine so große Rolle spielen, fanden sich bereits in Dickens' Werken.

Darüber hinaus liebte Doyle Dickens' Fähigkeit, Charaktere mit wenigen, aber prägnanten Details zum Leben zu erwecken – eine Kunst, die er selbst in seinen Kurzgeschichten meisterhaft umsetzte. Sherlock Holmes wurde nicht nur als scharfsinniger Ermittler beschrieben, sondern erhielt durch Doyles Beobachtungsgabe auch eine unverwechselbare Persönlichkeit, die ihn über die bloße Funktion als Kriminalaufklärer hinaushebt.

Von den Vorbildern zur Perfektion

Doyle schöpfte aus all diesen literarischen Vorläufern, doch was ihn von seinen Vorgängern unterschied, war seine Fähigkeit, die besten Elemente zusammenzuführen und sie zu einer vollkommen neuen Figur zu formen. Während Dupin die Deduktion etablierte, Lecoq die Methodik verfeinerte und Dickens die Atmosphäre prägte, verband Doyle all diese Aspekte zu einem Charakter, der bis heute als Inbegriff des Detektivs gilt.

Sherlock Holmes war das Ergebnis einer langen Entwicklung, doch seine Popularität und sein Einfluss überstrahlten letztendlich alle seine Vorbilder. Doyle verstand es, aus den literarischen Detektivfiguren der Vergangenheit einen Detektiv für die Ewigkeit zu formen – analytisch, scharfsinnig und unvergesslich.

Ein literarischer Geniestreich: Holmes' erster Auftritt in ›A Study in Scarlet‹

Die Geburt des Meisterdetektivs

Als Arthur Conan Doyle im Jahr 1886 mit der Arbeit an seinem ersten Sherlock-Holmes-Roman begann, ahnte er nicht, dass er eine der langlebigsten und einflussreichsten Figuren der Literaturgeschichte erschaffen würde. ›A Study in Scarlet‹ (Eine Studie in Scharlachrot) markierte das Debüt des berühmten Detektivs und legte den Grundstein für eine literarische Legende. Doch die Geburt von Sherlock Holmes war kein Zufall. Sie war das Ergebnis von Doyles medizinischer Ausbildung, seiner Begeisterung für Kriminalistik und seiner literarischen Vorbilder. Die Veröffentlichung des Romans im Jahr 1887 war zunächst wenig beachtet, doch sie sollte die Welt des Erzählens für immer verändern.

Die Inspiration hinter Sherlock Holmes

Doyle schöpfte bei der Entwicklung seiner Detektivfigur aus verschiedenen Quellen. Die wohl bedeutendste Inspiration war sein ehemaliger Universitätsprofessor Dr. Joseph Bell. Bell, ein herausragender Mediziner an der Universität Edinburgh, lehrte seine Studenten, durch genaues Beobachten und analytisches Denken Diagnosen zu stellen – Fähigkeiten, die Holmes später meisterhaft zur Aufklärung von Verbrechen einsetzen sollte.

Doyle selbst erkannte die Parallelen zwischen seinem literarischen Schaffen und Bells Methoden und schrieb später: »Es ist mir unmöglich, über Sherlock Holmes zu sprechen, ohne Dr. Bell zu erwähnen.«

Neben Dr. Bell beeinflussten auch die frühen Detektivgeschichten von Edgar Allan Poe, insbesondere jene über Auguste Dupin, Doyles Schreibstil. Dupins Methode des logischen Schließens, die in Geschichten wie ›The Murders in the Rue Morgue‹ zu finden ist, bildete die Basis für Holmes' unvergleichliche Deduktionstechnik. Doch während Dupin oft als distanziert und kühl beschrieben wurde, verlieh Doyle seinem Charakter eine ganz eigene Tiefe, eine Mischung aus messerscharfer Intelligenz und exzentrischem Verhalten.

Die ersten Zeilen:

Holmes betritt die Bühne

Der Roman beginnt mit der Einführung von Dr. John H. Watson, einem Militärarzt, der nach seiner Zeit in Afghanistan nach London zurückkehrt. Von einer Kriegsverletzung geschwächt und auf der Suche nach einer günstigen Unterkunft, trifft er auf einen alten Bekannten, der ihn mit einem ungewöhnlichen Mann bekannt macht – Sherlock Holmes. Ihre erste Begegnung ist legendär. Holmes wird gerade in einem Labor gezeigt, vertieft in chemische Experimente, als er Watsons Verwundung mit einem einzigen Blick erkennt. Diese Szene demonstriert von Anfang an Holmes' außergewöhnliche Fähigkeit zur Deduktion und setzt den Ton für die gesamte Geschichte.

Die erste Beschreibung von Holmes bleibt unvergesslich. Doyle zeichnet ihn als hochgewachsenen, scharfzüngigen Mann mit durchdringendem Blick, der sich auf seine Arbeit stürzt, als gäbe es nichts Wichtigeres. Gleichzeitig wird er als jemand dargestellt, der kaum Interesse an sozialen Konventionen hat. Er kennt die chemische Zusammensetzung von Blut, kann jeden Londoner Schlamm analysieren, weiß aber nichts von der Astronomie – weil er es für irrelevant hält. Diese Mischung aus Genie und Eigenheit machte ihn zu einer der faszinierendsten Figuren der Literatur.

Der erste Fall:

Ein Mord und eine mysteriöse Botschaft

Die Handlung von ›A Study in Scarlet‹ dreht sich um einen bizarren Mordfall in einem verlassenen Haus in London. Die Polizei steht vor einem Rätsel: Ein Mann liegt tot auf dem Boden, ohne erkennbare Verletzungen, und an der Wand prangt mit Blut geschrieben das Wort RACHE. Scotland Yard ist ratlos, und so wird Holmes um Hilfe gebeten. Für ihn ist der Fall ein wahres Fest – eine Herausforderung, die seinen Geist stimuliert.

Was folgt, ist eine meisterhafte Demonstration von Holmes' Fähigkeiten. Durch akribische Analyse von Fußabdrücken, Tabakresten und kleinsten Details kommt er dem Mörder auf die Spur. Er entschlüsselt das Rätsel mit einer Leichtigkeit, die die Polizei staunen lässt und Watson tief beeindruckt. Hier zeigt sich, warum Holmes als der erste moderne Detektiv der Literatur gilt: Er löst Verbrechen nicht durch Zufall oder bloße Intuition, sondern durch präzise Beobachtung und logisches Denken.

Die Struktur des Romans:

Ein kühnes Experiment

Doyle teilte ›A Study in Scarlet‹ in zwei unterschiedliche Teile: Die erste Hälfte erzählt die Ermittlungen in London, während die zweite Hälfte in die Vergangenheit zurückspringt und die Hintergründe des Verbrechens enthüllt. Diese Erzählweise war damals ungewöhnlich und überraschte viele Leser. Plötzlich verlagert sich die Handlung nach Utah, in die Welt der Mormonen, wo eine tragische Geschichte von Liebe, Rache und religiösem Fanatismus entfaltet wird. Erst am Ende schließen sich die beiden Teile zusammen, als Holmes das Puzzle final zusammensetzt.

Diese zweigeteilte Struktur war ein gewagter Schritt, der jedoch Doyles Fähigkeit unter Beweis stellte, Kriminalgeschichten mit komplexen Handlungssträngen zu verweben. Sie verlieh der Geschichte Tiefe und machte sie mehr als nur eine einfache Detektivgeschichte – sie wurde zu einem epischen Drama über menschliche Tragödien und die unaufhaltsame Macht der Gerechtigkeit.

Die Rezeption und der langsame Aufstieg zur Berühmtheit

Trotz seiner erzählerischen Raffinesse war ›A Study in Scarlet‹ zunächst kein großer Erfolg. Der Roman erschien 1887 in

›Beeton's Christmas Annual‹, doch die Reaktionen waren verhalten. Die Leser waren es nicht gewohnt, einen Detektiv zu erleben, der mit wissenschaftlicher Präzision arbeitete und sich über traditionelle polizeiliche Methoden lustig machte. Es dauerte mehrere Jahre, bis Holmes die Anerkennung erhielt, die er verdiente.

Der Durchbruch kam mit der Veröffentlichung weiterer Kurzgeschichten in The Strand Magazine ab 1891. Erst durch ›The Adventures of Sherlock Holmes‹ wurde die Figur zum weltweiten Phänomen. Leser begannen, die Geschichten zu verschlingen, und Sherlock Holmes wurde zum Inbegriff des analytischen Ermittlers.

Die Geburt einer Legende

Mit ›A Study in Scarlet‹ schuf Arthur Conan Doyle weit mehr als nur eine Detektivgeschichte. Er erschuf eine Ikone. Die Einführung von Holmes war ein literarischer Geniestreich, der den Kriminalroman für immer veränderte. Während andere Autoren Detektive als mysteriöse Figuren mit beinahe übernatürlichen Fähigkeiten darstellten, machte Doyle Holmes zu einem Wissenschaftler der Verbrechensaufklärung, zu einem Mann, der sich auf Fakten, Logik und messerscharfe Deduktion verließ.

Obwohl ›A Study in Scarlet‹ zunächst kein Bestseller war, wurde es zur Grundlage eines literarischen Universums, das bis heute unübertroffen ist. Die Geburt von Sherlock Holmes war nicht nur der Anfang einer erfolgreichen Buchreihe – sie war der Beginn einer neuen Ära der Kriminalliteratur.

Watson betritt die Bühne

Die Bedeutung des loyalen Chronisten

Sherlock Holmes, der Meisterdetektiv mit dem scharfen Verstand und der unvergleichlichen Fähigkeit zur Deduktion, ist eine Figur, die auch ohne Begleitung faszinierend wirkt. Doch Arthur Conan Doyle entschied sich, Holmes nicht allein zu lassen. Stattdessen führte er Dr. John Watson ein – einen loyalen Freund, Begleiter und Chronisten, der nicht nur die Fälle dokumentierte, sondern auch eine entscheidende Rolle in der Dynamik der Geschichten spielte. Warum aber brauchte Sherlock Holmes einen Partner? Die Antwort liegt nicht nur in der literarischen Notwendigkeit, sondern auch in der menschlichen Tiefe, die Watson der Figur des Holmes verleiht.

Der menschliche Kontrapunkt zum genialen Detektiv

Sherlock Holmes ist ein Mann der Logik, der Wissenschaft und der unerbittlichen Rationalität. Seine Fähigkeit, aus kleinsten Details weitreichende Schlüsse zu ziehen, macht ihn zu einer fast übermenschlichen Figur. Doch genau hier liegt das Problem: Ein Charakter, der so distanziert und analytisch ist, könnte für den Leser schwer greifbar und emotional unzugänglich wirken. Watson fungiert als Brücke zwischen Holmes und dem Leser. Er ist der menschliche Kontrapunkt zum genialen Detektiv – warmherzig, empathisch und manchmal sogar ein wenig naiv. Durch seine Augen erleben wir Holmes nicht nur als brillanten

Ermittler, sondern auch als Freund, der trotz seiner Exzentrizitäten loyal und vertrauenswürdig ist.

Watson ist es, der Holmes' oft kühle und berechnende Art ausgleicht. Er stellt die Fragen, die der Leser stellen würde, und zeigt Bewunderung für Holmes' Fähigkeiten, ohne sie je ganz zu verstehen. Diese Dynamik macht die Geschichten nicht nur spannend, sondern auch emotional ansprechend. Watson ist der Faden, der den Leser in die Welt von Sherlock Holmes hineinzieht und ihn dort hält.

Der Chronist, der Holmes unsterblich machte

Ohne Watson gäbe es keine Sherlock-Holmes-Geschichten – zumindest nicht so, wie wir sie kennen. Watson ist nicht nur ein Begleiter, sondern auch der Erzähler der meisten Fälle. Seine Rolle als Chronist ist entscheidend, denn er dokumentiert Holmes' Methoden und Erfolge für die Nachwelt. Durch Watsons Erzählungen wird Holmes zu einer Legende, deren Ruhm weit über die Grenzen der fiktiven Welt hinausreicht.

Watson schreibt nicht nur für sich selbst, sondern auch für ein Publikum. Seine Berichte sind detailliert, aber nie trocken. Er versteht es, Spannung aufzubauen und den Leser mitzureißen, ohne die Fakten zu vernachlässigen. Dabei bleibt er stets bescheiden und stellt Holmes in den Mittelpunkt. Diese Bescheidenheit macht ihn umso sympathischer und unterstreicht seine Rolle als treuer Freund und Bewunderer.

Interessanterweise gibt es auch eine meta-literarische Ebene: Watson ist nicht nur der Chronist innerhalb der Geschichten, sondern auch ein Werkzeug von Arthur Conan Doyle, um die Leser zu fesseln. Durch Watsons Perspektive wird Holmes' Genie noch größer, noch mysteriöser. Der Leser sieht Holmes durch die Augen eines Mannes, der selbst beeindruckt ist – und diese Bewunderung überträgt sich unwillkürlich auf den Leser.

Der praktische Partner:

Watson als Verbindung zur realen Welt

Sherlock Holmes mag ein Genie sein, aber er ist auch ein Mann, der in seiner eigenen Welt lebt. Seine Exzentrizitäten – sei es das Violinspiel mitten in der Nacht, das Experimentieren mit Chemikalien im Wohnzimmer oder die Stunden, die er in stillem Nachdenken verbringt – machen ihn zu einem schwierigen Mitbewohner und Partner. Watson ist es, der Holmes mit der realen Welt verbindet. Er ist der praktische, bodenständige Gegenpart, der dafür sorgt, dass Holmes nicht völlig in seiner eigenen Gedankenwelt verschwindet.

Watson ist auch ein Mann der Tat. Als ehemaliger Militärarzt bringt er nicht nur medizinisches Wissen, sondern auch Mut und Entschlossenheit mit. In vielen Fällen ist er es, der die körperliche Arbeit übernimmt – sei es bei der Verfolgung eines Verdächtigen oder bei der Rettung eines Opfers. Holmes mag der Kopf der Operation sein, aber Watson ist oft die Hand, die die Pläne in die Tat umsetzt.

Die Freundschaft als Herzstück der Geschichten

Letztlich ist es die Freundschaft zwischen Holmes und Watson, die die Geschichten so besonders macht. Holmes mag ein Genie sein, aber ohne Watson wäre er einsam. Watson ist nicht nur ein Partner, sondern auch ein Freund, der Holmes in seinen dunkelsten Momenten unterstützt. In Geschichten wie ›The Adventure of the Three Garridebs‹ sehen wir, wie tief die Bindung zwischen den beiden Männern ist. Als Watson verwundet wird, zeigt Holmes eine seltene emotionale Seite – ein Moment, der die Menschlichkeit des Detektivs unterstreicht.

Diese Freundschaft ist auch ein Spiegelbild der viktorianischen Gesellschaft, in der Loyalität und Kameradschaft hoch geschätzt wurden. Holmes und Watson verkörpern eine Art ideale Männerfreundschaft, die auf Respekt, Vertrauen und gegenseitiger Unterstützung basiert. Sie ergänzen sich nicht nur in ihren Fähigkeiten, sondern auch in ihren Persönlichkeiten.

Warum Holmes Watson brauchte

Sherlock Holmes ist zweifellos eine der faszinierendsten Figuren der Literaturgeschichte. Doch ohne Dr. John Watson wäre er nur halb so interessant. Watson ist der menschliche Kontrapunkt zum genialen Detektiv, der Chronist, der Holmes' Taten für die Nachwelt festhält, und der praktische Partner, der ihn mit der realen Welt verbindet. Vor allem aber ist er der Freund, der Holmes' Menschlichkeit zeigt und die Geschichten emotional verankert.

Arthur Conan Doyle wusste, dass ein Charakter wie Holmes einen Partner brauchte – nicht nur, um die Handlung voranzutreiben, sondern auch, um dem Leser einen Zugang zu dieser komplexen Figur zu ermöglichen. Watson ist das Herz der Sherlock-Holmes-Geschichten, und ohne ihn wäre Holmes nur ein einsames Genie, das in den Nebeln der Baker Street verschwindet. Dank Watson aber wurde Sherlock Holmes zu einer Legende, die bis heute Millionen von Lesern begeistert.

Holmes' Methoden:

Die Kunst der Deduktion und wis-

senschaftliche Kriminalistik

Wie der Detektiv real existierende forensische Techniken seiner Zeit nutzte

Sherlock Holmes ist nicht nur eine literarische Figur – er ist ein Pionier der modernen Kriminalistik. Arthur Conan Doyle schuf mit Holmes einen Detektiv, der nicht auf Intuition oder Zufall vertraute, sondern auf Beobachtung, Logik und wissenschaftliche Methoden. Holmes' Fähigkeit, aus kleinsten Details weitreichende Schlüsse zu ziehen, war revolutionär für seine Zeit und spiegelt die Anfänge der forensischen Wissenschaft wider. Doch wie nutzte Holmes real existierende forensische Techniken seiner Ära, und wie veränderte er damit das Bild des Detektivs?

Die Geburt der wissenschaftlichen Kriminalistik

Das viktorianische Zeitalter, in dem Sherlock Holmes seine Fälle löste, war eine Zeit des rasanten wissenschaftlichen Fortschritts. Neue Entdeckungen in Chemie, Physik und Medizin veränderten nicht nur die Gesellschaft, sondern auch die Art und Weise, wie Verbrechen untersucht wurden. Holmes war ein Kind dieser Zeit – ein Detektiv, der die Wissenschaft als Werkzeug nutzte, um die Wahrheit ans Licht zu bringen.

Einer der wichtigsten Einflüsse auf Holmes' Methoden war der schottische Arzt Dr. Joseph Bell, einer von Arthur Conan Doyles Lehrern an der Universität Edinburgh. Bell war bekannt für seine Fähigkeit, Patienten allein durch Beobachtung zu diagnostizieren. Er konnte den Beruf, die Herkunft und sogar die Gewohnheiten eines Menschen anhand von Details wie Kleidung, Händen oder Gangart erkennen. Diese Methode der präzisen Beobachtung und logischen Schlussfolgerung wurde zum Markenzeichen von Sherlock Holmes.

Die Kunst der Deduktion:

Mehr als nur Rätsellösen

Holmes' berühmte Deduktion ist mehr als nur ein Trick, um Leser zu beeindrucken. Sie ist eine systematische Methode, die auf Beobachtung, Analyse und logischem Denken basiert. Holmes selbst erklärt in ›A Study in Scarlet‹: »Es ist eine alte Wahrheit, dass, wenn man das Unmögliche ausgeschlossen hat, das, was übrig bleibt, wie unwahrscheinlich es auch sein mag, die Wahrheit sein muss.‹

Ein gutes Beispiel für diese Methode ist der Fall in ›The Adventure of the Blue Carbuncle‹. Holmes untersucht einen verlorenen Hut und schließt aus dessen Zustand, dass der Besitzer intellektuell abgebaut ist, seine Frau ihn nicht mehr liebt und er sich in finanziellen Schwierigkeiten befindet. Diese Schlüsse mögen übertrieben erscheinen, aber sie basieren auf sorgfältiger

Beobachtung und logischer Analyse – Fähigkeiten, die auch in der modernen Forensik unverzichtbar sind.

Forensische Techniken im viktorianischen Zeitalter

Holmes nutzte eine Vielzahl von forensischen Techniken, die zu seiner Zeit auf dem neuesten Stand der Wissenschaft waren. Einige davon waren:

• Spurenanalyse: Holmes war ein Meister darin, winzige Spuren wie Staub, Fasern oder Schuhabdrücke zu analysieren. In ›The Adventure of the Priory School‹ identifiziert er den Täter anhand von Fahrradspuren – eine Methode, die heute als Teil der Spurenkunde etabliert ist.

• Chemische Analysen: Holmes führte oft Experimente in seiner Wohnung in der Baker Street durch, um Substanzen zu identifizieren oder zu analysieren. In ›The Adventure of the Naval Treaty‹ untersucht er einen Fleck auf einem Dokument und stellt fest, dass es sich um Eiweiß handelt – eine frühe Form der forensischen Chemie.

• Ballistik: In ›The Adventure of the Empty House‹ analysiert Holmes die Schusswinkel und Geschossspuren, um den Mord an Ronald Adair aufzuklären. Diese Methode der ballistischen Untersuchung war zu seiner Zeit noch in den Kinderschuhen, aber Holmes erkannte ihr Potenzial.

• Handschriftenanalyse: Holmes nutzte die Handschriftenanalyse, um Fälschungen zu entlarven oder

Persönlichkeitsmerkmale zu identifizieren. In ›The Adventure of the Reigate Squires‹ entdeckt er einen Erpresser, indem er die Handschrift eines Briefes untersucht.

• Tatortrekonstruktion: Holmes war ein Pionier der Tatortrekonstruktion. In vielen Fällen besuchte er den Tatort persönlich, um Spuren zu sichern und die Ereignisse nachzuvollziehen. Seine Methode, den Tatort wie ein Puzzle zu betrachten, ist heute ein Grundpfeiler der Kriminalistik.

Holmes und die moderne Forensik

Obwohl Holmes' Methoden oft übertrieben oder fiktional erscheinen, waren sie ihrer Zeit weit voraus. Viele der Techniken, die er anwendete, wurden später zu Standardverfahren in der Forensik. Holmes war einer der ersten, der erkannte, dass Verbrechen nicht durch Spekulation, sondern durch wissenschaftliche Analyse gelöst werden können.

Ein Beispiel dafür ist die Verwendung von Fingerabdrücken. Obwohl die Fingerabdruckanalyse zu Holmes' Zeit noch in den Anfängen steckte, war er sich der Bedeutung von Fingerabdrücken bewusst. In ›The Adventure of the Norwood Builder‹ erwähnt er, dass Fingerabdrücke einzigartig sind – eine Erkenntnis, die später zur Grundlage der modernen Daktyloskopie wurde.

Die Grenzen von Holmes' Methoden

Trotz seiner Genialität war Holmes kein unfehlbarer Superheld. Seine Methoden hatten Grenzen, die oft übersehen werden. Zum Beispiel war Holmes stark auf seine eigenen Fähigkeiten und Beobachtungen angewiesen. Er hatte keinen Zugang zu modernen Technologien wie DNA-Analyse oder digitaler Forensik, die heute unverzichtbar sind. Außerdem war er manchmal zu selbstbewusst und übersah Details, die nicht in seine Theorien passten – ein Fehler, der in ›The Adventure of the Yellow Face‹ deutlich wird.

Diese Grenzen machen Holmes jedoch umso menschlicher und realistischer. Sie zeigen, dass auch der größte Detektiv Fehler machen kann und dass die Wissenschaft immer im Fluss ist.

Holmes' Vermächtnis in der Forensik

Sherlock Holmes hat nicht nur die Literatur, sondern auch die reale Welt der Kriminalistik beeinflusst. Seine Methoden inspirierten Generationen von Ermittlern und Wissenschaftlern, die nach neuen Wegen suchten, um Verbrechen aufzuklären. Viele der Techniken, die Holmes anwendete, sind heute Standard in der Forensik – von der Spurenanalyse bis zur Tatortrekonstruktion.

Holmes' größtes Vermächtnis ist jedoch seine Überzeugung, dass Verbrechen durch Logik und Wissenschaft gelöst werden können. Er zeigte, dass die Wahrheit nicht im Dunkeln liegt, sondern in den Details verborgen ist – und dass es die Aufgabe des Detektivs ist, diese Details zu finden und zu interpretieren.

Der Wissenschaftler als Detektiv

Sherlock Holmes war mehr als nur ein fiktiver Charakter – er war ein Visionär, der die Kunst der Deduktion und die Wissenschaft der Kriminalistik vereinte. Seine Methoden, die auf Beobachtung, Analyse und logischem Denken basierten, waren ihrer Zeit weit voraus und legten den Grundstein für die moderne Forensik. Holmes zeigte, dass ein Detektiv nicht nur ein Rätsellöser, sondern auch ein Wissenschaftler sein muss – ein Erbe, das bis heute fortlebt.

Die Popularität wächst

Die Sherlock-Holmes-Erzählungen in ›The Strand Magazine‹

Sherlock Holmes ist nicht nur eine literarische Ikone – er ist auch ein Phänomen der Populärkultur, das die Art und Weise, wie Geschichten erzählt und konsumiert werden, nachhaltig verändert hat. Ein entscheidender Faktor für seinen Erfolg war die Veröffentlichung der Holmes-Erzählungen in ›The Strand Magazine‹, einem der führenden britischen Unterhaltungsmagazine des späten 19. und frühen 20. Jahrhunderts.

Durch diese Zusammenarbeit revolutionierte Holmes nicht nur die Detektivliteratur, sondern auch das Zeitalter der Serienliteratur. Doch wie gelang es Arthur Conan Doyle und ›The Strand Magazine‹, Holmes zu einer solchen Berühmtheit zu machen, und welche Auswirkungen hatte dies auf die Literatur und die Leserschaft?

Das Zeitalter der Serienliteratur

Das viktorianische Zeitalter war eine Zeit des rasanten technologischen und gesellschaftlichen Wandels. Die Industrialisierung, die Ausweitung des Bildungssystems und die Verbesserung der Drucktechnologien führten zu einem Boom der Publikationsbranche. Zeitschriften wie ›The Strand Magazine‹ wurden zu einem wichtigen Medium, um Geschichten einem breiten

Publikum zugänglich zu machen. Serienliteratur – also Geschichten, die in Fortsetzungen veröffentlicht wurden – war besonders beliebt, da sie die Leser über einen längeren Zeitraum an das Magazin band.

In diesem Kontext erschien Sherlock Holmes erstmals in ›The Strand Magazine‹ im Juli 1891 mit der Erzählung ›A Scandal in Bohemia‹. Die Geschichte war ein sofortiger Erfolg, und die Leser verlangten nach mehr. Arthur Conan Doyle lieferte daraufhin eine Reihe von Kurzgeschichten, die monatlich veröffentlicht wurden und Holmes zu einem festen Bestandteil der Populärkultur machten.

Die Magie der monatlichen Fortsetzungen

Die Veröffentlichung der Holmes-Geschichten in ›The Strand Magazine‹ hatte mehrere entscheidende Vorteile. Zum einen schuf die regelmäßige Veröffentlichung eine Art Ritual für die Leser. Jeden Monat konnten sie sich auf eine neue Geschichte freuen, die Spannung, Rätsel und Unterhaltung bot. Diese Kontinuität machte Holmes zu einer vertrauten Figur, mit der die Leser eine emotionale Bindung eingingen.

Zum anderen ermöglichte das Format der Kurzgeschichten eine größere Flexibilität. Jede Geschichte war in sich abgeschlossen, aber die Charaktere und die Welt von Holmes entwickelten sich über die Zeit weiter. Dieses Gleichgewicht zwischen Kontinuität und Abwechslung war ein Schlüssel zum Erfolg der Serie.

Ein weiterer Faktor war die visuelle Komponente. ›The Strand Magazine‹ veröffentlichte die Holmes-Geschichten mit Illustrationen von Sidney Paget, dessen Zeichnungen das Bild von Holmes und Watson maßgeblich prägten. Pagets Darstellung von Holmes mit der berühmten Jagdmütze und der Pfeife wurde zur Ikone und trug dazu bei, die Figur im kollektiven Gedächtnis zu verankern.

Die Geburt des modernen Detektivs

Sherlock Holmes war nicht der erste literarische Detektiv, aber er war der erste, der in einer solchen Breite und Regelmäßigkeit präsentiert wurde. Durch die serielle Veröffentlichung wurde Holmes zu einer Art *Freund* der Leser – eine Figur, die sie jeden Monat besuchten und deren Abenteuer sie mit Spannung verfolgten. Diese Nähe zwischen Figur und Leserschaft war neu und trug dazu bei, dass Holmes zu einer kulturellen Ikone wurde.

Holmes revolutionierte auch das Genre der Detektivgeschichten. Während frühere Detektivfiguren oft auf Zufall oder Intuition angewiesen waren, war Holmes ein Mann der Wissenschaft und Logik. Seine Methoden – die präzise Beobachtung, die deduktive Schlussfolgerung und die systematische Analyse – machten ihn zu einem Vorbild für moderne Ermittler. Gleichzeitig war er aber auch eine komplexe Figur mit menschlichen Schwächen, was ihn für die Leser umso faszinierender machte.

Die Leserschaft:

Ein neues Publikum

Die Veröffentlichung der Holmes-Geschichten in ›The Strand Magazine‹ erreichte ein breites und vielfältiges Publikum. Das Magazin war erschwinglich und richtete sich an Leser aller sozialen Schichten – von der Arbeiterklasse bis zur Oberschicht. Holmes' Abenteuer sprachen sowohl Männer als auch Frauen an, und die Geschichten wurden oft in Familien diskutiert und weitererzählt.

Ein besonderes Phänomen war die Interaktion zwischen den Lesern und der Figur. Viele Leser schrieben Briefe an ›The Strand Magazine‹, in denen sie ihre Theorien zu den Fällen darlegten oder um Ratschläge baten. Diese aktive Teilnahme der Leserschaft war ein frühes Beispiel für das, was wir heute als *Fandom* bezeichnen würden.

Die Krise und die Rückkehr

Trotz des enormen Erfolgs der Holmes-Geschichten war Arthur Conan Doyle ambivalent gegenüber seiner Schöpfung. Er fühlte sich durch die Popularität von Holmes eingeengt und wollte sich anderen literarischen Projekten widmen. In ›The Final Problem‹ (1893) ließ er Holmes scheinbar sterben, als er in einem Kampf mit seinem Erzfeind Professor Moriarty die Reichenbachfälle hinabstürzte.

Die Reaktion der Leser war beispiellos. Tausende von Menschen trauerten um Holmes, und viele schrieben empörte Briefe an Doyle und ›The Strand Magazine‹. Der Druck der

Öffentlichkeit war so groß, dass Doyle schließlich nachgab und Holmes in ›The Adventure of the Empty House‹ (1903) zurückbrachte. Diese Rückkehr war ein Medienereignis und festigte Holmes' Status als unsterbliche literarische Figur.

Das Vermächtnis der Serienliteratur

Die Veröffentlichung der Sherlock-Holmes-Geschichten in ›The Strand Magazine‹ hatte weitreichende Auswirkungen auf die Literatur und die Populärkultur. Sie zeigte, dass serielle Veröffentlichungen eine mächtige Form der Geschichtenerzählung sein können, die Leser über einen längeren Zeitraum bindet und eine tiefe emotionale Bindung schafft. Holmes' Erfolg ebnete den Weg für andere serielle Werke, von Agatha Christies Hercule Poirot bis hin zu modernen TV-Serien.

Gleichzeitig revolutionierte Holmes das Genre der Detektivgeschichten und setzte neue Standards für Realismus, Logik und Charaktertiefe. Seine Methoden und seine Persönlichkeit inspirierten nicht nur Schriftsteller, sondern auch reale Ermittler und Wissenschaftler.

Ein Phänomen der Moderne

Sherlock Holmes war mehr als nur eine literarische Figur – er war ein kulturelles Phänomen, das die Art und Weise, wie Geschichten erzählt und konsumiert werden, nachhaltig veränderte. Durch die Veröffentlichung in ›The Strand Magazine‹ wurde Holmes zu einer Ikone der Populärkultur, die Leser auf der ganzen Welt begeisterte. Seine Abenteuer zeigten, dass Literatur nicht nur unterhalten, sondern auch inspirieren und verbinden kann. Holmes' Vermächtnis lebt bis heute fort – nicht nur in Büchern und Filmen, sondern auch in der Art und Weise, wie wir Geschichten erzählen und erleben.

Der Reichenbach-Fall

Conan Doyle will Holmes loswerden

Sherlock Holmes ist eine Figur, die die Literatur und die Populärkultur wie kaum eine andere geprägt hat. Doch hinter der Fassade des genialen Detektivs verbirgt sich eine überraschende Wahrheit: Arthur Conan Doyle, der Schöpfer von Holmes, wollte seine berühmteste Figur eigentlich loswerden. Der Tod von Holmes in ›The Final Problem‹ (1893) war nicht nur ein dramatischer Höhepunkt der Geschichten, sondern auch ein Versuch Doyles, sich von einer Figur zu befreien, die ihn zunehmend einengte. Doch warum wollte Doyle Holmes sterben lassen, und was geschah danach?

Die Last des Erfolgs

Arthur Conan Doyle war ein Mann mit vielen Ambitionen. Bevor er Sherlock Holmes erschuf, hatte er als Arzt gearbeitet und sich mit historischen Romanen und Kurzgeschichten versucht. Doch es war Holmes, der ihn berühmt machte – und gleichzeitig frustrierte. Doyle sah sich selbst als ernsthaften Autor, der mehr zu bieten hatte als Detektivgeschichten. Er wollte historische Romane schreiben, gesellschaftskritische Werke verfassen und sich mit spirituellen Themen auseinandersetzen. Doch die Leser verlangten immer mehr nach Holmes.

Die monatlichen Veröffentlichungen in ›The Strand Magazine‹ brachten Doyle zwar finanzielle Sicherheit, aber auch kreative

Einschränkungen. Er fühlte sich wie ein Gefangener seiner eigenen Schöpfung. In einem Brief an seine Mutter schrieb er: »Ich denke daran, Holmes zu töten. Er nimmt mir zu viel Zeit weg, und ich möchte mich anderen Dingen widmen.« Diese Worte waren der Beginn eines Plans, der die literarische Welt erschüttern sollte.

Der Tod am Reichenbachfall

In ›The Final Problem‹ (dt. ›Das letzte Problem‹) ließ Doyle Holmes sterben – und zwar auf spektakuläre Weise. Der Detektiv stürzt in einem Kampf mit seinem Erzfeind Professor Moriarty die Reichenbachfälle in der Schweiz hinab. Der Tod von Holmes war nicht nur ein dramatischer Moment, sondern auch ein Symbol für Doyles Wunsch, sich von der Figur zu befreien.

Die Szene am Reichenbachfall ist voller Spannung und Tragik. Holmes und Moriarty, zwei Geister, die sich in ihrer Intelligenz und Entschlossenheit gleichen, liefern sich einen finalen Kampf. Holmes opfert sich, um die Welt vor Moriarty zu retten, und hinterlässt einen Abschiedsbrief an Watson, in dem er seine Beweggründe erklärt. Dieser Brief ist nicht nur eine Erklärung für Watson, sondern auch eine Botschaft an die Leser: Holmes' Tod war notwendig, um das Böse zu besiegen.

Die Reaktion der Leser

Die Nachricht von Holmes' Tod löste eine Welle der Trauer und Empörung aus. Tausende von Lesern schrieben Briefe an Doyle und ›The Strand Magazine‹, in denen sie ihren Schock und ihre Wut zum Ausdruck brachten. Viele trugen schwarze Armbinden als Zeichen der Trauer, und einige sollen sogar Drohbriefe an Doyle geschickt haben. Holmes war nicht nur eine literarische Figur – er war ein Freund, ein Vorbild, eine Konstante im Leben vieler Menschen.

Die öffentliche Reaktion war so überwältigend, dass Doyle überrascht und gleichzeitig verärgert war. Er hatte nicht erwartet, dass der Tod von Holmes eine derartige emotionale Reaktion auslösen würde. In einem Interview sagte er später: »Ich dachte, die Leute würden verstehen, dass es Zeit war, weiterzuziehen. Aber sie wollten Holmes einfach nicht loslassen.«

Die Rückkehr des Detektivs

Trotz des öffentlichen Drucks hielt Doyle zunächst an seiner Entscheidung fest. Er widmete sich anderen Projekten, darunter historischen Romanen wie ›The White Company‹ und ›Sir Nigel‹. Doch die Popularität von Holmes ließ nicht nach, und die finanziellen Verlockungen waren zu groß, um sie zu ignorieren.

Schließlich gab Doyle nach und brachte Holmes in ›The Adventure of the Empty House‹ (1903) zurück. Die Geschichte erklärt, dass Holmes seinen Tod nur vorgetäuscht hatte, um seine Feinde in die Irre zu führen. Die Rückkehr des Detektivs war ein Medienereignis und festigte Holmes' Status als unsterbliche literarische Figur.

Das Vermächtnis des Reichenbachfalls

Der Tod und die Rückkehr von Holmes haben bis heute eine besondere Bedeutung. Sie zeigen, wie sehr eine literarische Figur das Leben ihres Schöpfers und ihrer Leser beeinflussen kann. Holmes war mehr als nur eine Figur – er war ein Phänomen, das die Grenzen zwischen Fiktion und Realität verschwimmen ließ.

Für Doyle war der Reichenbachfall ein Versuch, sich von einer Figur zu befreien, die ihn einengte. Doch letztendlich konnte er Holmes nicht entkommen. Die Figur, die er erschaffen hatte, war zu mächtig, zu beliebt, zu unsterblich. Holmes wurde zu einem Teil von Doyles Identität – ein Erbe, das er bis zu seinem Tod im Jahr 1930 mit sich trug.

Der Detektiv, der nicht sterben konnte

Sherlock Holmes ist eine Figur, die die Grenzen der Literatur und der Populärkultur überschritten hat. Sein Tod am Reichenbachfall war ein Versuch von Arthur Conan Doyle, sich von seiner Schöpfung zu befreien – doch die Leser wollten Holmes nicht loslassen. Die Rückkehr des Detektivs zeigte, dass Holmes mehr war als nur eine literarische Figur: Er war ein Symbol für Logik, Gerechtigkeit und die Macht der Geschichten.

Der Reichenbachfall ist nicht nur ein Höhepunkt der Holmes-Geschichten, sondern auch ein Wendepunkt in der Literaturgeschichte. Er zeigt, wie sehr eine Figur das Leben ihres Schöpfers und ihrer Leser beeinflussen kann – und dass manche Geschichten einfach zu mächtig sind, um zu enden.

Der öffentliche Aufschrei

Holmes' triumphale Rückkehr

Sherlock Holmes' Tod am Reichenbachfall im Jahr 1893 war ein Schock für die literarische Welt. Doch was Arthur Conan Doyle als endgültigen Abschied von seiner berühmtesten Figur gedacht hatte, entpuppte sich als Beginn einer der bemerkenswertesten Comeback-Geschichten der Literatur.

Die Rückkehr von Holmes war nicht nur ein Triumph für die Figur, sondern auch ein Beweis für die Macht der Leserschaft und die Unsterblichkeit einer literarischen Ikone. Wie aber gelang es Fans und Verlegern, Holmes zurück ins Leben zu holen, und welche Rolle spielte Doyle selbst in diesem Drama?

Die Trauer um Sherlock Holmes

Als ›The Final Problem‹ in ›The Strand Magazine‹ erschien und Holmes' Tod bekannt wurde, war die Reaktion der Leser beispiellos. Tausende von Menschen trauerten um den Detektiv, als hätten sie einen persönlichen Freund verloren. Leser schrieben empörte Briefe an Doyle und das Magazin, in denen sie ihren Schock und ihre Wut zum Ausdruck brachten. Einige trugen schwarze Armbinden als Zeichen der Trauer, und es gab sogar Berichte über Leser, die Drohbriefe an Doyle schickten.

Die öffentliche Trauer war so intensiv, dass sie die Grenzen zwischen Fiktion und Realität verschwimmen ließ. Holmes war nicht nur eine literarische Figur – er war eine Konstante im Leben vieler Menschen, ein Symbol für Logik, Gerechtigkeit und die Hoffnung, dass das Gute siegen würde. Sein Tod hinterließ eine Lücke, die niemand zu füllen schien.

Der Druck der Fans

Die Leser waren nicht bereit, Holmes loszulassen. Sie forderten seine Rückkehr – und sie taten dies mit einer Vehemenz, die Doyle überraschte. Die Briefe, die bei ›The Strand Magazine‹ und bei Doyle selbst eintrafen, waren voller Leidenschaft und Überzeugung. Viele Leser argumentierten, dass Holmes zu wichtig war, um einfach zu verschwinden. Andere boten sogar Geld an, um Doyle dazu zu bewegen, den Detektiv zurückzubringen.

Der öffentliche Druck war so groß, dass er sogar die Verleger und Redakteure von ›The Strand Magazine‹ beeinflusste. Das Magazin, das durch die Holmes-Geschichten einen erheblichen Teil seiner Leserschaft gewonnen hatte, sah sich plötzlich mit sinkenden Verkaufszahlen konfrontiert. Die Verleger drängten Doyle, Holmes zurückzubringen – nicht nur aus künstlerischen, sondern auch aus finanziellen Gründen.

Doyles Ambivalenz

Arthur Conan Doyle befand sich in einem Dilemma. Einerseits wollte er sich von Holmes befreien und sich anderen literarischen Projekten widmen. Er hatte das Gefühl, dass die Figur ihn einengte und ihn daran hinderte, sein volles Potenzial als Autor auszuschöpfen. Andererseits konnte er den Druck der Leser und

Verleger nicht ignorieren. Holmes war zu einer kulturellen Ikone geworden, und Doyles eigenes Schicksal war untrennbar mit dem des Detektivs verbunden.

In den Jahren nach Holmes' Tod versuchte Doyle, sich anderen Themen zuzuwenden. Er schrieb historische Romane wie ›The White Company‹ und ›Sir Nigel‹, die zwar kritischen Beifall fanden, aber nicht den gleichen kommerziellen Erfolg hatten wie die Holmes-Geschichten. Gleichzeitig arbeitete er an gesellschaftskritischen Werken und beschäftigte sich mit spirituellen Themen. Doch trotz aller Bemühungen konnte er dem Schatten von Holmes nicht entkommen.

Die Rückkehr in ›The Adventure of the Empty House‹

Schließlich gab Doyle nach. Im Jahr 1903, zehn Jahre nach Holmes' Tod, erschien ›The Adventure of the Empty House‹ in ›The Strand Magazine‹. Die Geschichte erklärte, dass Holmes seinen Tod nur vorgetäuscht hatte, um seine Feinde in die Irre zu führen. Die Rückkehr des Detektivs war ein Medienereignis, das die literarische Welt in Aufruhr versetzte.

Die Szene, in der Holmes zu Watson zurückkehrt, ist eine der berührendsten und dramatischsten der gesamten Serie. Watson, der immer noch um seinen Freund trauert, ist zunächst sprachlos, als er Holmes in seinem Wohnzimmer stehen sieht. Doch schnell kehrt die Freude zurück, und die beiden Freunde nehmen ihre Zusammenarbeit wieder auf. Diese Szene war nicht nur eine Rückkehr für Holmes, sondern auch eine Versöhnung zwischen Doyle und seinen Lesern.

Die Folgen der Rückkehr

Die Rückkehr von Holmes hatte weitreichende Folgen. Zum einen festigte sie den Status des Detektivs als unsterbliche literarische Figur. Holmes war nicht mehr nur eine Figur in Geschichten — er war ein Mythos, der die Grenzen der Literatur überschritt. Zum anderen zeigte sie die Macht der Leserschaft. Die Fans hatten Holmes zurückgeholt, und ihre Leidenschaft hatte einen Autor dazu gebracht, seine Pläne zu ändern.

Für Doyle war die Rückkehr von Holmes sowohl ein Segen als auch ein Fluch. Einerseits brachte sie ihm finanzielle Sicherheit und die Anerkennung, die er sich wünschte. Andererseits fühlte er sich weiterhin von der Figur eingeengt. In den folgenden Jahren schrieb er weitere Holmes-Geschichten, aber er tat dies oft widerwillig und mit gemischten Gefühlen.

Das Vermächtnis der Rückkehr

Die Rückkehr von Sherlock Holmes ist mehr als nur eine literarische Episode – sie ist ein Symbol für die Beziehung zwischen Autor, Figur und Leserschaft. Sie zeigt, wie sehr eine Figur das Leben ihres Schöpfers und ihrer Fans beeinflussen kann. Holmes war nicht nur eine Schöpfung von Arthur Conan Doyle — er war ein gemeinsames Projekt, an dem Millionen von Lesern beteiligt waren.

Die Geschichte von Holmes' Rückkehr ist auch eine Erinnerung daran, dass Literatur nicht nur eine Kunstform ist, sondern auch ein Dialog zwischen Autor und Leser. Die Fans von Holmes haben gezeigt, dass Geschichten lebendig sind – und dass sie die Macht haben, die Welt zu verändern.

Der Detektiv, der niemals stirbt

Sherlock Holmes' Rückkehr war ein Triumph für die Figur, die Leserschaft und die Literatur selbst. Sie zeigte, dass Holmes mehr war als nur eine literarische Figur – er war ein Phänomen, das die Grenzen zwischen Fiktion und Realität überschritt. Die Geschichte seiner Rückkehr ist ein Beweis für die Macht der Geschichten und die Unsterblichkeit einer Ikone.

Arthur Conan Doyle mochte Holmes loswerden wollen, aber die Leser hatten andere Pläne. Sie holten den Detektiv zurück ins Leben – und sicherten ihm damit einen Platz in der Ewigkeit.

London als literarische Kulisse

Baker Street und die viktorianische Stadtlandschaft

Sherlock Holmes ist untrennbar mit London verbunden. Die Straßen, Gassen und Gebäude der viktorianischen Metropole sind nicht nur der Schauplatz seiner Abenteuer – sie sind ein integraler Bestandteil der Geschichten selbst. Arthur Conan Doyle nutzte das urbane Umfeld, um die Atmosphäre, die Charaktere und die Handlung zu formen. Doch wie prägte das London des 19. Jahrhunderts die Sherlock-Holmes-Geschichten, und welche Rolle spielte die berühmte Baker Street 221B als literarischer Mittelpunkt?

Die viktorianische Metropole:

Ein Schmelztiegel der Gegensätze

Das London des späten 19. Jahrhunderts war eine Stadt der Gegensätze. Auf der einen Seite stand der Glanz des britischen Empire, verkörpert durch prächtige Gebäude, elegante Boulevards und eine blühende Wirtschaft. Auf der anderen Seite gab es Armut, Kriminalität und soziale Ungerechtigkeit, die sich in den Slums und dunklen Gassen der Stadt manifestierten. Diese Dualität machte London zur perfekten Kulisse für die Geschichten von Sherlock Holmes.

Holmes selbst ist ein Produkt dieser urbanen Landschaft. Er bewegt sich mühelos zwischen den Welten – vom luxuriösen

Wohnzimmer eines Adeligen bis zum verrufenen Gasthaus in den Docklands. Seine Fälle spiegeln die Vielfalt und die Widersprüche der Stadt wider: Mord, Erpressung, Betrug und politische Intrigen sind ebenso Teil des Londoner Lebens wie die wissenschaftlichen und technologischen Fortschritte der Zeit.

Die Baker Street 221B:

Ein literarisches Zuhause

Die Baker Street 221B ist mehr als nur eine Adresse – sie ist das Herz der Sherlock-Holmes-Geschichten. Hier verbringt Holmes seine Tage mit dem Studium von Kriminalfällen, dem Experimentieren mit Chemikalien und dem Spielen der Violine. Die Wohnung ist ein Mikrokosmos, der die Persönlichkeit des Detektivs widerspiegelt: unordentlich, aber funktional; exzentrisch, aber genial.

Die Wahl der Baker Street als Wohnort von Holmes war kein Zufall. Zur Zeit der viktorianischen Ära war die Baker Street eine respektable, aber nicht übermäßig luxuriöse Adresse. Sie lag nahe genug am Zentrum Londons, um Zugang zu den wichtigsten Schauplätzen der Stadt zu haben, aber auch abseits genug, um eine gewisse Privatsphäre zu gewährleisten. Für die Leser war die Baker Street 221B ein vertrauter Ort, der sowohl Realität als auch Fiktion verkörperte.

Die Straßen von London:

Schauplatz der Verbrechen

Die Straßen von London sind in den Holmes-Geschichten nicht nur Kulisse, sondern aktive Teilnehmer der Handlung. Doyle beschreibt die Stadt mit einer solchen Detailgenauigkeit, dass sie fast wie eine eigene Figur erscheint. Die nebligen Gassen, die beleuchteten Boulevards und die versteckten Hinterhöfe sind Schauplätze von Verbrechen, Verfolgungsjagden und dramatischen Enthüllungen.

Ein gutes Beispiel dafür ist die Geschichte ›The Adventure of the Blue Carbuncle‹. Hier führt die Spur des gestohlenen Edelsteins von einem eleganten Hotel in der Innenstadt bis zu einem bescheidenen Haus in den Vororten. Die Reise durch die verschiedenen Viertel Londons zeigt nicht nur die geografische Vielfalt der Stadt, sondern auch ihre sozialen und wirtschaftlichen Unterschiede.

Die Technologie und die moderne Stadt

Das viktorianische London war eine Stadt im Wandel. Die Industrialisierung, der Ausbau des Eisenbahnnetzes und die Einführung neuer Technologien veränderten das Gesicht der Stadt und das Leben ihrer Bewohner. Holmes nutzt diese Fortschritte, um seine Fälle zu lösen – sei es durch die Analyse von Telegrafennachrichten, die Untersuchung von Zugfahrplänen oder die Verwendung von chemischen Methoden zur Spurensicherung.

Gleichzeitig spiegeln die Geschichten auch die Ängste und Unsicherheiten wider, die mit diesen Veränderungen einhergingen.

Die Urbanisierung führte zu sozialen Spannungen und einer Zunahme der Kriminalität. Holmes' Fälle zeigen, wie die moderne Stadt sowohl Chancen als auch Gefahren birgt – ein Thema, das bis heute relevant ist.

Die Atmosphäre: Nebel, Gaslaternen und Geheimnisse

Die Atmosphäre der Holmes-Geschichten ist untrennbar mit dem London des 19. Jahrhunderts verbunden. Der Nebel, der die Stadt oft einhüllt, ist nicht nur ein meteorologisches Phänomen, sondern auch ein Symbol für die Undurchsichtigkeit und die Geheimnisse, die Holmes zu lüften versucht. Die Gaslaternen, die die Straßen beleuchten, werfen ein flackerndes Licht auf die Gesichter der Verdächtigen und verleihen den Szenen eine dramatische Intensität.

Doyle nutzt diese atmosphärischen Elemente, um Spannung und Mystik zu erzeugen. In Geschichten wie ›The Hound of the Baskervilles‹ wird der Nebel zu einem fast übernatürlichen Element, das die Grenzen zwischen Realität und Fantasie verschwimmen lässt. Diese Beschreibungen machen London nicht nur zum Schauplatz, sondern auch zum Mitwirkenden der Geschichten.

Das Vermächtnis des literarischen Londons

Die Darstellung von London in den Sherlock-Holmes-Geschichten hat das Bild der Stadt in der Literatur und der Populärkultur nachhaltig geprägt. Doyle schuf ein London, das sowohl real als auch mythisch ist – eine Stadt, die voller Geheimnisse, Gefahren und Möglichkeiten steckt. Diese Vision hat Generationen von Autoren, Filmemachern und Künstlern inspiriert.

Gleichzeitig ist das London von Holmes ein Spiegelbild der viktorianischen Gesellschaft. Es zeigt die Hoffnungen und Ängste einer Zeit, die von rasantem Wandel und tiefgreifenden Umbrüchen geprägt war. Holmes selbst ist ein Produkt dieser Gesellschaft – ein Mann, der die moderne Welt mit den Werkzeugen der Wissenschaft und Logik zu verstehen sucht.

Die Stadt als Charakter

London ist mehr als nur der Schauplatz der Sherlock-Holmes-Geschichten – es ist ein Charakter, der die Handlung, die Atmosphäre und die Themen der Geschichten prägt. Die Baker Street 221B, die nebligen Gassen und die modernen Technologien sind nicht nur Hintergrund, sondern aktive Elemente, die die Welt von Holmes formen.

Arthur Conan Doyle hat mit seinen Beschreibungen von London ein literarisches Erbe geschaffen, das bis heute lebendig ist. Die Stadt, die er erschuf, ist ein Ort der Gegensätze, der Geheimnisse und der unendlichen Möglichkeiten – genau wie Sherlock Holmes selbst.

Professor Moriarty

Der Archetyp des kriminellen Genies

Sherlock Holmes ist ohne seine Gegenspieler nicht denkbar, und keiner von ihnen ist so berühmt – oder berüchtigt – wie Professor James Moriarty. Der ›Napoleon des Verbrechens‹, wie Holmes ihn nennt, ist mehr als nur ein Antagonist; er ist die dunkle Spiegelung des Detektivs selbst.

Mit seiner Intelligenz, seiner skrupellosen Raffinesse und seiner undurchsichtigen Präsenz hat Moriarty nicht nur die Sherlock-Holmes-Geschichten geprägt, sondern auch den Archetyp des kriminellen Genies geschaffen, der bis heute in Literatur, Film und Populärkultur nachhallt. Doch was macht Moriarty so unvergesslich, und warum bleibt er als Gegenspieler von Holmes so faszinierend?

Die Geburt eines Schurken

Professor Moriarty wurde von Arthur Conan Doyle als ultimativer Gegner für Sherlock Holmes erschaffen, um dem Detektiv einen würdigen Feind zu geben. Sein erstes und einziges Auftreten in den originalen Geschichten findet sich in ›The Final Problem‹ (1893), in dem er als der gefährlichste Mann Englands beschrieben wird. Doch obwohl Moriarty nur in einer Geschichte physisch präsent ist, wird sein Einfluss in vielen anderen Fällen spürbar. Holmes erwähnt ihn oft als den Mann, der im

Hintergrund die Fäden zieht – ein unsichtbarer Drahtzieher, der das Verbrechen in London kontrolliert.

Moriarty ist kein gewöhnlicher Krimineller. Er ist ein ehemaliger Mathematikprofessor, dessen genialer Verstand sich nun dem Verbrechen verschrieben hat. Holmes beschreibt ihn als *einen Mann mit guter Erziehung und außergewöhnlichen mathematischen Fähigkeiten*, der jedoch *von Natur aus bösartig* ist. Diese Kombination aus Intelligenz und moralischer Verderbtheit macht Moriarty zu einer faszinierenden und zugleich beängstigenden Figur.

Der Archetyp des kriminellen Genies

Moriarty ist der Inbegriff des kriminellen Genies – ein Archetyp, der seitdem in unzähligen Geschichten und Filmen aufgegriffen wurde. Er ist nicht nur ein Gegner, der Holmes intellektuell herausfordert, sondern auch eine Figur, die die dunkle Seite des Genies verkörpert. Während Holmes seine Fähigkeiten nutzt, um Verbrechen aufzuklären und Gerechtigkeit zu schaffen, verwendet Moriarty seinen Verstand, um Chaos und Zerstörung zu verbreiten.

Diese Dualität zwischen Schöpfer und Zerstörer macht Moriarty so faszinierend. Er ist kein gewalttätiger Schläger oder einfacher Dieb, sondern ein strategischer Denker, der das Verbrechen wie ein Schachspiel organisiert. Holmes selbst vergleicht ihre Beziehung mit einem Duell zwischen zwei gleichstarken Gegnern: »Er ist der Napoleon des Verbrechens, Watson. Er ist der Organisator von allem, was böse ist, der Drahtzieher hinter jedem Verbrechen.«

Die unsichtbare Bedrohung

Eines der bemerkenswertesten Merkmale von Moriarty ist seine Unsichtbarkeit. In den meisten Geschichten bleibt er im Hintergrund, ein Schatten, der die Handlungen anderer lenkt. Selbst in ›The Final Problem‹ ist seine physische Präsenz begrenzt, aber sein Einfluss ist überall spürbar. Diese Unsichtbarkeit macht ihn zu einer noch größeren Bedrohung, da er nicht nur ein einzelner Gegner ist, sondern ein Netzwerk von Verbrechen und Korruption, das die gesamte Stadt durchdringt.

Moriarty ist auch ein Meister der Tarnung und der Manipulation. Er agiert aus dem Verborgenen und lässt andere für sich handeln, während er selbst unerkannt bleibt. Diese Strategie macht ihn zu einem schwer fassbaren Feind, der selbst Holmes an seine Grenzen bringt.

Das Finale am Reichenbachfall

Der Höhepunkt der Rivalität zwischen Holmes und Moriarty findet am Reichenbachfall in der Schweiz statt. In einem dramatischen Showdown kämpfen die beiden Männer auf Leben und Tod, bevor sie scheinbar gemeinsam in die Tiefe stürzen. Dieser Moment ist nicht nur ein Höhepunkt der Spannung, sondern auch ein Symbol für die Dualität zwischen Gut und Böse, zwischen Ordnung und Chaos.

Holmes' scheinbarer Tod am Reichenbachfall war ein Versuch von Arthur Conan Doyle, sich von seiner berühmtesten Figur zu befreien. Doch die Leser wollten Holmes nicht loslassen, und so kehrte der Detektiv später zurück. Moriarty jedoch blieb tot – zumindest in den originalen Geschichten. Sein Tod machte ihn zu einer Legende, einem Schurken, der so mächtig war, dass er selbst Holmes fast besiegt hätte.

Moriartys Vermächtnis

Obwohl Moriarty nur in einer Geschichte physisch präsent ist, hat er einen bleibenden Eindruck in der Literatur und Populärkultur hinterlassen. Er ist der Prototyp des kriminellen Genies, der in unzähligen Geschichten und Filmen nachgeahmt wurde. Figuren wie Ernst Stavro Blofeld aus den James-Bond-Filmen, Keyser Söze aus ›The Usual Suspects‹ oder sogar der Joker aus den Batman-Comics tragen die DNA von Moriarty in sich.

Moriarty ist auch eine Figur, die die dunkle Seite des Genies verkörpert. Er zeigt, dass Intelligenz und Kreativität nicht immer für das Gute eingesetzt werden – eine Botschaft, die in einer Welt, die von Technologie und Wissenschaft geprägt ist, immer relevanter wird.

Der unvergessliche Antagonist

Professor Moriarty ist mehr als nur ein Schurke – er ist ein Symbol für die dunkle Seite des menschlichen Geistes. Seine Intelligenz, seine Skrupellosigkeit und seine undurchsichtige Präsenz machen ihn zu einem der faszinierendsten Antagonisten der Literaturgeschichte. Er ist der perfekte Gegenspieler für

Sherlock Holmes, eine Figur, die den Detektiv intellektuell herausfordert und gleichzeitig seine Menschlichkeit unterstreicht.

Moriarty bleibt unvergessen, weil er mehr ist als nur ein Feind – er ist eine Idee, eine Bedrohung, die über die Seiten der Geschichten hinausreicht. Er ist der Beweis, dass das Böse nicht immer grob und offensichtlich ist, sondern oft versteckt, intelligent und unheimlich nahe liegt. In einer Welt, die von Komplexität und Widersprüchen geprägt ist, bleibt Moriarty eine Figur, die uns daran erinnert, dass das Genie sowohl Schöpfer als auch Zerstörer sein kann.

Holmes und die Frauen

Irene Adler und andere bemerkenswerte Charaktere

Sherlock Holmes ist eine Figur, die oft als Inbegriff des rationalen, emotionslosen Denkers dargestellt wird – ein Mann, der sich ganz der Logik und der Wissenschaft verschrieben hat. Doch in den Geschichten von Arthur Conan Doyle gibt es immer wieder Frauen, die Holmes' Aufmerksamkeit erregen, ihn herausfordern oder sogar überlisten.

Diese Frauen sind nicht nur Nebenfiguren, sondern eigenständige Charaktere, die das Frauenbild der viktorianischen Ära widerspiegeln und gleichzeitig hinterfragen. Wie also werden Frauen in den Sherlock-Holmes-Geschichten dargestellt, und welche Rolle spielen sie in der Welt des Detektivs?

Irene Adler:

Die Frau, die Holmes bewunderte

Irene Adler, oft als **die Frau** bezeichnet, ist zweifellos die bekannteste weibliche Figur in den Sherlock-Holmes-Geschichten. Sie erscheint nur in einer einzigen Geschichte, ›A Scandal in Bohemia‹ (1891), aber ihr Einfluss auf Holmes und die Leser ist immens. Adler ist eine ehemalige Opernsängerin und Abenteurerin, die Holmes nicht nur intellektuell herausfordert, sondern ihn auch emotional beeindruckt.

Holmes beschreibt Adler als **die Frau** – eine Bezeichnung, die sowohl Respekt als auch Bewunderung ausdrückt. Sie ist die einzige Frau, die Holmes jemals als ebenbürtig anerkennt, und die einzige, die ihn jemals überlistet hat. In ›A Scandal in Bohemia‹ gelingt es Adler, Holmes' Pläne zu durchkreuzen und mit einem Foto zu entkommen, das sie als Druckmittel gegen den König von Böhmen verwendet. Holmes ist beeindruckt von ihrer Intelligenz und ihrer Entschlossenheit, und er bewahrt ihr Bild als Erinnerung an ihre Überlegenheit.

Adler ist eine Figur, die das traditionelle Frauenbild der viktorianischen Ära herausfordert. Sie ist unabhängig, intelligent und selbstbewusst – Eigenschaften, die zu ihrer Zeit für Frauen ungewöhnlich waren. Doch obwohl sie Holmes überlistet, wird sie nicht als Bedrohung dargestellt, sondern als respektierte Gegenspielerin. Ihre Rolle in der Geschichte zeigt, dass Frauen in der Welt von Sherlock Holmes mehr sein können als nur Opfer oder Nebenfiguren.

Die Opfer und die Verdächtigen

Neben Irene Adler gibt es in den Sherlock-Holmes-Geschichten zahlreiche andere Frauen, die unterschiedliche Rollen spielen. Viele von ihnen sind Opfer von Verbrechen – sei es Mord, Erpressung oder Betrug. Diese Frauen werden oft als schwach und hilflos dargestellt, was das traditionelle Frauenbild der viktorianischen Ära widerspiegelt. Sie sind auf die Hilfe von Holmes angewiesen, um Gerechtigkeit zu erlangen.

Ein Beispiel dafür ist Helen Stoner in ›The Adventure of the Speckled Band‹. Sie ist eine junge Frau, die um ihr Leben fürchtet, nachdem ihre Schwester unter mysteriösen Umständen gestorben ist. Holmes nimmt sich ihres Falls an und entlarvt schließlich ihren Stiefvater als Mörder. Helen Stoner ist ein typisches Opfer – verletzlich, aber mutig genug, um Holmes um Hilfe zu bitten.

Doch nicht alle Frauen in den Geschichten sind Opfer. Einige sind auch Verdächtige oder sogar Täterinnen. In ›The Adventure of the Copper Beeches‹ wird Violet Hunter verdächtigt, in einen Betrug verwickelt zu sein, obwohl sie sich am Ende als unschuldig erweist. In anderen Geschichten, wie ›The Adventure of the Abbey Grange‹, spielen Frauen eine aktivere Rolle in den Verbrechen, sei es als Komplizinnen oder sogar als Haupttäterinnen.

Das Frauenbild der viktorianischen Ära

Die Darstellung von Frauen in den Sherlock-Holmes-Geschichten ist stark von den gesellschaftlichen Normen der viktorianischen Ära geprägt. Frauen wurden oft als schwach, emotional und abhängig von Männern dargestellt – ein Bild, das sich in vielen der Geschichten widerspiegelt. Doch gleichzeitig gibt es auch Frauen wie Irene Adler, die dieses Bild herausfordern und zeigen, dass Frauen intelligent, unabhängig und stark sein können.

Ein interessanter Aspekt ist die Rolle der Ehe und der Familie. In vielen Geschichten sind Frauen in schwierige familiäre Situationen verwickelt – sei es durch tyrannische Ehemänner,

erpresserische Verwandte oder undurchsichtige Erbschaftsstrei-
tigkeiten. Diese Konflikte spiegeln die begrenzten Möglichkeiten
wider, die Frauen in der viktorianischen Gesellschaft hatten, und
die oft schwierigen Entscheidungen, die sie treffen mussten.

Holmes' Beziehung zu Frauen

Sherlock Holmes' Beziehung zu Frauen ist ein weiterer interessanter Aspekt der Geschichten. Holmes wird oft als emotionslos
und distanziert dargestellt, aber es gibt Momente, in denen seine
Haltung gegenüber Frauen komplexer ist. Irene Adler ist das of-
fensichtlichste Beispiel dafür – eine Frau, die Holmes nicht nur
respektiert, sondern auch bewundert. Doch auch in anderen Geschichten zeigt Holmes Mitgefühl und Respekt gegenüber
Frauen, insbesondere wenn sie Opfer von Verbrechen sind.

Gleichzeitig ist Holmes' Beziehung zu Frauen oft von Skepsis
geprägt. Er misstraut emotionalen Bindungen und sieht die Ehe
oft als Hindernis für seine Arbeit. In ›The Sign of the Four‹ sagt
er zu Watson: »Liebe ist eine emotionale Sache, und was emotional ist, ist dem kühlen, klaren Verstand entgegengesetzt.« Diese
Haltung spiegelt Holmes' rationalen Ansatz wider, aber sie zeigt
auch seine Schwierigkeit, emotionale Bindungen zuzulassen.

Das Vermächtnis der Frauen in den Holmes-Geschichten

Die Frauen in den Sherlock-Holmes-Geschichten sind mehr
als nur Nebenfiguren – sie sind ein Spiegelbild der

viktorianischen Gesellschaft und ihrer Widersprüche. Einerseits gibt es Frauen wie Irene Adler, die das traditionelle Frauenbild herausfordern und zeigen, dass Frauen intelligent, unabhängig und stark sein können. Andererseits gibt es Frauen, die als Opfer oder Verdächtige dargestellt werden und die begrenzten Möglichkeiten widerspiegeln, die Frauen in der viktorianischen Ära hatten.

Diese Vielfalt an weiblichen Charakteren macht die Geschichten von Sherlock Holmes so faszinierend und zeitlos. Sie zeigen, dass Frauen in der Literatur mehr sein können als nur Klischees – sie können komplexe, vielschichtige Charaktere sein, die die Handlung vorantreiben und die Welt des Detektivs bereichern.

Frauen in der Welt von Sherlock Holmes

Die Frauen in den Sherlock-Holmes-Geschichten sind ein wichtiger Bestandteil der Erzählungen. Sie spiegeln die gesellschaftlichen Normen der viktorianischen Ära wider, aber sie hinterfragen sie auch. Frauen wie Irene Adler zeigen, dass Frauen intelligent, unabhängig und stark sein können, während andere Frauen die begrenzten Möglichkeiten und schwierigen Entscheidungen widerspiegeln, mit denen Frauen in dieser Zeit konfrontiert waren.

Sherlock Holmes' Beziehung zu Frauen ist ebenso komplex wie die Frauen selbst. Er respektiert und bewundert einige von ihnen, während er anderen mit Skepsis begegnet. Diese Vielfalt an weiblichen Charakteren und Beziehungen macht die Geschichten von Sherlock Holmes so reich und faszinierend – und sie zeigt, dass Frauen in der Literatur mehr sein können als nur Nebenfiguren.

Doyle und der Okkultismus

Warum der Holmes-Erfinder an Geister glaubte

Sir Arthur Conan Doyle war ein Mann der Widersprüche. Während er mit Sherlock Holmes die Verkörperung des kalten Rationalismus und der wissenschaftlichen Deduktion schuf, entwickelte er selbst eine tiefe Faszination für das Übernatürliche. In einer Zeit, in der sich die Wissenschaft rasant weiterentwickelte, wandte sich Doyle immer stärker spiritistischen Lehren zu. Dieser scheinbare Gegensatz zwischen seinem literarischen Schaffen und seinen persönlichen Überzeugungen gehört zu den spannendsten Aspekten seiner Biografie.

Die frühen Jahre von Doyle waren von der Wissenschaft geprägt. Als ausgebildeter Arzt war er mit den Prinzipien der Logik und der Empirie bestens vertraut. In seinen Holmes-Geschichten ließ er seinen berühmten Detektiv nie etwas akzeptieren, das nicht auf klaren Fakten beruhte. »Wenn man das Unmögliche ausgeschlossen hat, dann muss das, was übrig bleibt, die Wahrheit sein, so unwahrscheinlich sie auch erscheinen mag«, ließ er Holmes einmal sagen. Doch während sein literarischer Held jede Form von Mystizismus verachtete, begann Doyle selbst zunehmend an die Existenz von Geistern und übersinnlichen Phänomenen zu glauben.

Doyles Faszination für das Okkulte entwickelte sich nicht plötzlich, sondern war das Ergebnis mehrerer persönlicher

Erlebnisse und historischer Entwicklungen. Das späte 19. und frühe 20. Jahrhundert waren eine Zeit, in der spiritistische Strömungen Hochkonjunktur hatten. Séancen, Geisterfotografie und angebliche Kontakte mit dem Jenseits faszinierten breite Bevölkerungsschichten, auch weil die wissenschaftlichen Fortschritte der Zeit die Grenzen des Verständnisses immer weiter verschoben. Das Übernatürliche bot eine Art von Trost und Ordnung in einer sich schnell verändernden Welt.

Besonders der Verlust geliebter Menschen trug dazu bei, dass sich Doyle von der Rationalität entfernte. Der Erste Weltkrieg hatte unzählige Familien in Trauer gestürzt, und viele suchten nach Möglichkeiten, mit den Verstorbenen in Kontakt zu treten. Doyle verlor während dieser Jahre mehrere enge Angehörige, darunter seinen Sohn Kingsley, seinen Bruder und einige Freunde. Dies verstärkte sein Interesse am Spiritismus erheblich. Er begann, Séancen zu besuchen und sich aktiv mit Medien und Geisterbeschwörern auseinanderzusetzen. Bald wurde er einer der prominentesten Verfechter des Spiritismus und veröffentlichte mehrere Bücher zu diesem Thema, darunter ›The New Revelation‹ (1918) und ›The Coming of the Fairies‹ (1922).

Besonders bekannt wurde seine Verteidigung der sogenannten Cottingley-Feen-Fotografien. 1917 präsentierten zwei junge Mädchen, Elsie Wright und Frances Griffiths, Fotografien, die angeblich kleine Feen in einem Garten zeigten. Während viele Zeitgenossen skeptisch blieben, hielt Doyle die Bilder für einen Beweis für die Existenz übernatürlicher Wesen. Er schrieb sogar Artikel und Bücher darüber und betrachtete die Feen als Teil einer unsichtbaren Welt, die durch spezielle Menschen wahrgenommen werden konnte. Jahrzehnte später gaben die beiden Mädchen zu, die Bilder gefälscht zu haben, doch zu diesem Zeitpunkt war Doyle bereits fest von ihrer Echtheit überzeugt.

Der Kontrast zwischen Doyles Glauben und den Überzeugungen seines berühmtesten literarischen Charakters könnte nicht größer sein. Während Holmes übernatürliche Phänomene stets als Humbug entlarvte, war Doyle bereit, sich auf deren Existenz einzulassen. Dies führte auch zu Spannungen zwischen ihm und engen Freunden, darunter der weltberühmte Zauberkünstler Harry Houdini. Houdini, selbst ein entschiedener Skeptiker gegenüber Spiritismus, führte Doyle mehrfach vor, indem er angebliche Geistererscheinungen als Tricks entlarvte. Doch Doyle blieb unerschütterlich und war überzeugt, dass Houdini selbst über übernatürliche Fähigkeiten verfügte, die dieser einfach nicht öffentlich zugab.

Der Gegensatz zwischen Holmes' kühler Logik und Doyles zunehmendem Glauben an das Übernatürliche zeigt eindrucksvoll, wie ein Schriftsteller sich von seiner eigenen Figur entfremden kann. Während Doyle in seiner Literatur das rationale Denken feierte, sehnte er sich in seinem persönlichen Leben nach einer Realität, die mehr zu bieten hatte als das, was mit bloßem Auge sichtbar war. Vielleicht war der Spiritismus für ihn eine Flucht aus der nüchternen Welt der Wissenschaft, die er als Arzt so gut kannte.

Doyles spiritistische Überzeugungen waren nicht nur eine private Leidenschaft, sondern auch eine öffentliche Mission. Er hielt weltweit Vorträge, schrieb zahlreiche Artikel und verteidigte den Spiritismus selbst dann noch, als viele seiner Zeitgenossen ihn längst als naive Täuschung betrachteten. Seine Hingabe an das Übernatürliche war so groß, dass er schließlich als der vielleicht prominenteste Vertreter des Spiritismus in Großbritannien galt. Dies schadete jedoch auch seinem Ruf in akademischen und literarischen Kreisen, in denen er zunehmend belächelt wurde.

Obwohl Doyle und Holmes auf den ersten Blick gegensätzlicher nicht sein könnten, teilen sie doch eine bemerkenswerte Eigenschaft: ihre kompromisslose Suche nach Wahrheit. Während Holmes die Wahrheit ausschließlich in der Logik fand, suchte Doyle sie auch in jenen Bereichen, die sich der wissenschaftlichen Überprüfung entzogen. Beide Figuren – der reale Doyle und der fiktive Holmes – sind durch ihren unerschütterlichen Glauben an die Existenz einer tieferen Wahrheit verbunden, auch wenn ihre Methoden grundverschieden waren.

Letztlich bleibt die Diskrepanz zwischen Doyles persönlichem Glauben und seiner literarischen Schöpfung ein faszinierendes Paradoxon. Der Mann, der die vielleicht rationalste Figur der Literaturgeschichte schuf, glaubte selbst an Geister. Es ist diese Spannung zwischen Vernunft und Glauben, zwischen Logik und Mysterium, die Doyles Leben und Werk so einzigartig macht. Auch wenn seine spiritistischen Überzeugungen heute vielfach widerlegt sind, bleibt sein Einfluss auf die Literatur unbestreitbar. Denn ohne seine tiefe Überzeugung, dass es immer mehr zu entdecken gibt, als auf den ersten Blick ersichtlich ist, hätte die Welt niemals Sherlock Holmes kennengelernt.

Die letzten Holmes-Geschichten

Abschied vom Meisterdetektiv

Als Arthur Conan Doyle seine letzten Geschichten über Sherlock Holmes schrieb, hatte er sich längst innerlich von seinem berühmten Detektiv entfremdet. Bereits Jahrzehnte zuvor, im Jahr 1893, hatte er Holmes in ›The Final Problem‹ an den Reichenbachfällen sterben lassen, nur um ihn wenige Jahre später aufgrund massiven öffentlichen Drucks wiederauferstehen zu lassen. Doch auch nach dieser Rückkehr blieb sein Verhältnis zu Holmes ambivalent.

In den späten Jahren seiner Karriere schrieb Doyle zwar weiterhin Geschichten über den Meisterdetektiv, doch sein Enthusiasmus hatte merklich nachgelassen. Die späten Holmes-Erzählungen wirken oftmals düsterer, reflektierter und tragen einen Hauch von Abschied in sich.

Die letzten Erzählungen erschienen in zwei Sammlungen: ›His Last Bow‹ (1917) und ›The Case-Book of Sherlock Holmes‹ (1927). Während ›His Last Bow‹ als Sammlung früherer Kurzgeschichten hauptsächlich ältere Fälle präsentierte, enthielt ›The Case-Book of Sherlock Holmes‹ neue Abenteuer, die Doyle in den 1920er Jahren verfasst hatte. Diese späten Geschichten unterscheiden sich in vielerlei Hinsicht von den klassischen Holmes-Erzählungen aus ›The Adventures of Sherlock Holmes‹ oder ›The Memoirs of Sherlock Holmes‹. Die einst strahlende

Logik Holmes' scheint an einigen Stellen trüber zu werden, seine Fälle bekommen eine melancholische Note, und sein Schöpfer scheint endgültig mit ihm abschließen zu wollen.

Ein besonders bemerkenswertes Beispiel ist die Titelgeschichte ›His Last Bow‹, die Doyle 1917 veröffentlichte. Die Geschichte ist einzigartig, da sie nicht als klassische Detektivgeschichte konzipiert ist, sondern vielmehr als Spionagethriller. Sie spielt im Jahr 1914, unmittelbar vor dem Ersten Weltkrieg, und zeigt Holmes als alternden Ermittler, der ein letztes Mal für die britische Regierung tätig wird. Seine brillanten deduktiven Fähigkeiten sind zwar noch vorhanden, doch die einst jugendliche Energie ist gewichen. Am Ende verabschiedet sich Holmes mit den Worten: ›There's an east wind coming, Watson.‹ Diese letzten Worte symbolisieren nicht nur den drohenden Krieg, sondern auch das Ende einer Ära – sowohl für Holmes als auch für Doyle selbst.

In ›The Case-Book of Sherlock Holmes‹, der letzten Sammlung von Holmes-Geschichten, sind deutliche Ermüdungserscheinungen in Doyles Schreiben spürbar. Einige der Geschichten, wie ›The Adventure of the Mazarin Stone‹, wirken ungewohnt konstruierte und experimentelle Erzählformen treten auf. Manche Kritiker spekulieren, dass Doyle an einigen dieser Geschichten nur noch wenig Freude hatte und sie eher als Verpflichtung denn als kreative Herausforderung betrachtete. Holmes selbst erscheint in diesen Erzählungen oft distanzierter, fast müde von der Welt und ihren Verbrechen.

Gleichzeitig experimentierte Doyle mit düsteren Themen. In ›The Adventure of the Sussex Vampire‹ konfrontiert Holmes einen Fall, der auf übernatürliche Elemente hindeutet – ein auffälliger Kontrast zu seinem üblichen Skeptizismus. Auch wenn Holmes letztlich eine rationale Erklärung findet, ist es dennoch bezeichnend, dass Doyle hier das Übersinnliche stärker thematisierte. Es könnte als Spiegelbild seiner eigenen spiritistischen Überzeugungen interpretiert werden, die in seinen späten Jahren immer dominanter wurden.

Ein weiteres bemerkenswertes Detail der letzten Geschichten ist die sich wandelnde Beziehung zwischen Holmes und Watson. Während Watson in früheren Abenteuern stets als treuer Chronist und Bewunderer auftrat, entwickelt sich in den späten Erzählungen eine spürbare Distanz. Holmes wird zunehmend verschlossener, und Watson scheint sich seines Freundes zunehmend zu entfremden. Diese subtile Veränderung gibt den späten Geschichten eine wehmütige Note, als würde sich die literarische Welt langsam von ihrem berühmtesten Detektiv verabschieden.

Nach der Veröffentlichung von ›The Case-Book of Sherlock Holmes‹ im Jahr 1927 schrieb Doyle keine weiteren Holmes-Geschichten mehr. Stattdessen widmete er sich vollständig dem Spiritismus, hielt Vorträge auf der ganzen Welt und verfasste zahlreiche Bücher zu übernatürlichen Themen. Für ihn war Holmes ein Relikt der Vergangenheit, ein Schatten seiner eigenen schriftstellerischen Karriere, den er hinter sich lassen wollte. Doch das Publikum sah das anders. Während Doyle sich von Holmes abwandte, wuchs die Begeisterung der Leser stetig weiter. Holmes war längst über seinen Schöpfer hinausgewachsen und hatte sich zu einer eigenständigen literarischen Figur entwickelt, deren Popularität ungebrochen blieb.

Trotz Doyles ambivalenter Beziehung zu seiner berühmtesten Schöpfung bleibt sein Vermächtnis unbestreitbar. Die letzten Holmes-Geschichten mögen von einem Hauch von Abschied durchzogen sein, doch sie tragen auch eine gewisse Nostalgie in sich. Sie zeigen einen gealterten, nachdenklichen Holmes, dessen scharfer Verstand nicht nachlässt, der aber spürt, dass sich die Welt um ihn herum verändert hat. Es war nicht nur ein Abschied für Doyle, sondern auch für die Leser, die sich von der klassischen Ära des Detektivromans verabschieden mussten.

Heute, fast ein Jahrhundert nach der Veröffentlichung der letzten Holmes-Geschichte, lebt der Detektiv weiter. Doyle mag sein Kapitel abgeschlossen haben, doch Holmes selbst hat die Grenzen der Literatur überwunden. Er bleibt eine zeitlose Figur, die in unzähligen Adaptionen und Neuinterpretationen weiterlebt – ein endgültiger Abschied war es also nie.

Sherlock Holmes im frühen 20. Jahrhundert

Erste Verfilmungen und Adaptionen

Als Sherlock Holmes zum ersten Mal auf der Leinwand erschien, hatte er sich längst als eine der bekanntesten und beliebtesten Figuren der Literatur etabliert. Die frühen Jahrzehnte des 20. Jahrhunderts markierten eine Zeit, in der das Kino sich rapide entwickelte und neue Möglichkeiten der Erzählkunst eröffnete. Es war nur eine Frage der Zeit, bis der berühmteste Detektiv der Welt aus den gedruckten Seiten trat und ein neues Medium eroberte.

Die allererste filmische Adaption von Sherlock Holmes stammt aus dem Jahr 1900. Der Stummfilm mit dem Titel Sherlock Holmes Baffled war nur rund 30 Sekunden lang und diente weniger der erzählerischen Tiefe als vielmehr der Demonstration eines filmtechnischen Tricks. Dennoch zeigte er bereits das immense Potenzial, das die Figur Holmes für das noch junge Medium Film bot. Die Zuschauer konnten den Meisterdetektiv erstmals in bewegten Bildern erleben – ein Vorgeschmack auf das, was noch folgen sollte.

In den 1910er- und 1920er-Jahren folgte eine Welle von Holmes-Verfilmungen, viele davon in Stummfilmform. Eines der ersten bedeutenden Werke war die Sherlock Holmes Filmreihe mit Eille Norwood in der Hauptrolle. Zwischen 1921 und 1923 spielte Norwood Holmes in über 40 Kurzfilmen sowie einem Spielfilm. Seine Darstellung war stark von den Buchvorlagen geprägt und galt als bemerkenswert authentisch. Selbst Arthur Conan Doyle zeigte sich beeindruckt und lobte Norwoods Verkörperung als die bislang beste Darstellung seines Helden.

Mit der Weiterentwicklung des Kinos und der zunehmenden technischen Möglichkeiten wurden die Adaptionen umfangreicher und experimentierfreudiger. Die Einführung des Tonfilms in den späten 1920er-Jahren bedeutete eine neue Herausforderung für die Darstellung von Holmes. Während Stummfilme sich auf Mimik, Gestik und Zwischentitel verlassen hatten, ermöglichte der Tonfilm eine noch tiefere Charakterzeichnung durch Dialoge und den unverwechselbaren Sprachstil des Detektivs. Eine der ersten bedeutenden Tonfilm-Adaptionen war der 1929 erschienene ›The Return of Sherlock Holmes‹, in dem Clive Brook den Detektiv verkörperte. Diese Interpretation war wegweisend, denn sie legte den Grundstein für spätere Holmes-Darstellungen im Hollywood-Stil.

In den 1930er-Jahren gewann Holmes weiter an Popularität im Filmgeschäft. Schauspieler wie Arthur Wontner übernahmen die Rolle und prägten eine neue Generation von Holmes-Darstellungen. Wontner spielte den Detektiv in mehreren Filmen, die sich stark an die originalen Geschichten hielten. Seine ruhige, überlegte Spielweise und sein scharfer Blick machten ihn zu einem überzeugenden Holmes, der sich stark an Doyles

Beschreibungen orientierte. Dennoch wurde der Charakter zunehmend von den modernen Filmkonventionen seiner Zeit beeinflusst.

Der entscheidende Wendepunkt kam 1939, als Basil Rathbone die Rolle des Sherlock Holmes in ›The Hound of the Baskervilles‹ übernahm. Rathbone wurde schnell zur bis dahin ikonischsten Verkörperung des Meisterdetektivs. Sein markantes Profil, seine scharfe Intelligenz und die dynamische Interaktion mit Nigel Bruce als Dr. Watson machten die Filme zu einem großen Erfolg. Die Produzenten entschieden sich, Holmes aus der viktorianischen Zeit in die Gegenwart zu versetzen, sodass er sich in einigen der Filme mit Nazis und modernen Verbrechen auseinandersetzen musste – eine kreative, wenn auch nicht immer werkgetreue Entscheidung. Doch die Beliebtheit von Rathbones Darstellung war unbestreitbar und prägte das Bild von Sherlock Holmes für Jahrzehnte.

Mit der steigenden Popularität der Figur begann Hollywood, Holmes vermehrt als Abenteuerhelden darzustellen. Die Fälle wurden actionreicher, das Tempo der Filme nahm zu, und Holmes entwickelte sich von einem reinen Denker zu einem Mann, der sich auch physisch gegen seine Widersacher behauptete. Dieses neue Bild des Detektivs war ein Spiegel seiner Zeit: Das Kino bewegte sich weg von rein dialogbasierten Kriminalgeschichten hin zu actiongeladenen Erzählungen, die das Publikum in einer zunehmend unsicheren Welt unterhalten und ablenken sollten.

Parallel zur Kinoleinwand entdeckte auch das junge Medium Radio Sherlock Holmes für sich. Bereits in den 1930er-Jahren gab es erste Radioadaptionen, in denen Holmes' Abenteuer für ein breites Publikum nacherzählt wurden. In einer Zeit, in der das Radio das zentrale Unterhaltungsmedium war, erreichten diese Produktionen Millionen von Zuhörern. Besonders beliebt waren die Radiosendungen mit Basil Rathbone, der auch hier seine Rolle als Holmes fortsetzte. Seine Stimme wurde zum Inbegriff des Detektivs und festigte sein Image über Jahrzehnte hinweg.

Während Doyle selbst sich bereits früh von seiner Figur distanziert hatte und sich anderen literarischen Themen widmete, war Sherlock Holmes längst ein eigenständiges Phänomen geworden. Die frühen Verfilmungen und Adaptionen bewiesen, dass die Figur weit über die literarischen Ursprünge hinausgewachsen war. Holmes war nicht mehr nur eine Schöpfung Doyles, sondern ein popkulturelles Symbol, das von Schauspielern, Drehbuchautoren und Regisseuren immer wieder neu interpretiert wurde.

Mit dem Übergang ins späte 20. Jahrhundert und die modernen Filmproduktionen wurde klar, dass der Schritt vom Buch auf die Leinwand nur der Anfang war. Holmes hatte seinen Platz im Kino gefunden – und sollte dort nie wieder verschwinden.

Sherlock Holmes im Wandel der Zeit

Moderne Neuinterpretationen

Sherlock Holmes ist eine der wandlungsfähigsten Figuren der Literaturgeschichte. Seit seinem ersten Auftritt im Jahr 1887 wurde er unzählige Male neu interpretiert, modernisiert und für die jeweiligen Sehgewohnheiten des Publikums angepasst. Besonders das 20. und 21. Jahrhundert haben durch Film, Fernsehen und neue Erzählweisen den Meisterdetektiv immer wieder neu erfunden. Von Basil Rathbones klassisch-eleganter Darstellung in den 1930er- und 1940er-Jahren bis hin zu Benedict Cumberbatchs neurotisch-genialer Verkörperung in der BBC-Serie Sherlock – Holmes hat viele Gesichter, bleibt aber immer unverkennbar.

Die vielleicht erste ikonische Darstellung des Detektivs übernahm Basil Rathbone in einer Reihe von Filmen zwischen 1939 und 1946. Rathbone verkörperte Holmes mit aristokratischer Distanz und messerscharfer Präzision. Seine Darstellung prägte das Bild des Detektivs über Jahrzehnte hinweg und war so dominant, dass viele Fans sich lange schwer taten, andere Darsteller in der Rolle zu akzeptieren. Besonders in den Kriegsjahren wurde Rathbones Holmes in Geschichten eingebunden, die über die Originalwerke hinausgingen, etwa in Filmen, in denen er sich mit Nazis anlegte. Auch wenn dies nicht mit den viktorianischen Ursprüngen der Figur übereinstimmte, zeigte es, wie flexibel Holmes als Charakter ist.

Nach Rathbone versuchten mehrere Schauspieler, Holmes in neuen Adaptionen zu verkörpern, doch erst in den 1980er-Jahren gelang Jeremy Brett eine Darstellung, die mit Rathbones Vermächtnis mithalten konnte – oder es gar übertraf. Brett spielte Holmes in der hochgelobten Fernsehserie ›The Adventures of Sherlock Holmes‹, die von Granada Television produziert wurde. Seine Darstellung gilt für viele als die werkgetreueste Umsetzung der Figur. Bretts Holmes war nicht nur brillant und exzentrisch, sondern auch zutiefst menschlich. Er verlieh der Rolle eine emotionale Tiefe, die zuvor oft fehlte, und zeigte einen Holmes, der an seiner eigenen Intelligenz und Isolation zu leiden schien. Diese Darstellung beeinflusste spätere Holmes-Adaptionen erheblich und gilt als Meilenstein in der Filmgeschichte des Detektivs.

Im frühen 21. Jahrhundert erlebte Sherlock Holmes eine neue Renaissance – nicht nur durch die Rückbesinnung auf klassische Geschichten, sondern auch durch mutige Neuinterpretationen. 2009 brachte Guy Ritchie mit Robert Downey Jr. eine actionreiche Version des Detektivs auf die Leinwand. Sein Holmes war chaotisch, körperlich agil und oft auf gefährliche Auseinandersetzungen vorbereitet. Diese Version setzte stark auf Spektakel, verlor jedoch nicht die analytische Brillanz der Figur aus den Augen. Ritchies Filme spielten mit dem Konzept des Holmes-Mythos und zeigten ihn als genialen, aber zutiefst unkonventionellen Charakter.

Die vielleicht radikalste und gleichzeitig einflussreichste Neu-interpretation fand ab 2010 in der BBC-Serie Sherlock statt. Benedict Cumberbatch übernahm die Rolle eines modernen Holmes, der in der heutigen Londoner Gesellschaft operiert. Die Serie, geschrieben von Steven Moffat und Mark Gatiss, verlegte klassische Holmes-Geschichten in die Gegenwart, ohne den Kern der Figur zu verändern. Cumberbatchs Holmes war ein hochintelligenter, aber sozial isolierter Außenseiter, der oft an der Grenze zur Arroganz wandelte. Seine deduktiven Fähigkeiten wurden durch moderne Technologien wie Smartphones, Internetrecherchen und GPS ergänzt. Sherlock war eine der erfolgreichsten Holmes-Adaptionen aller Zeiten und bewies, dass die Figur auch im digitalen Zeitalter ihre Faszination nicht verloren hatte.

Cumberbatchs Holmes brachte eine neue Dimension in die Figur: Er war nicht mehr nur ein brillanter Verstand, sondern auch ein Mensch mit tiefen emotionalen Konflikten. Die Serie erforschte seine Bindung zu Dr. Watson, gespielt von Martin Freeman, auf eine Weise, die über frühere Adaptionen hinausging. Diese Holmes-Version war nicht nur ein Genie, sondern auch ein Mann, der mit seiner eigenen Menschlichkeit kämpfte – ein Aspekt, der ihn für ein modernes Publikum noch greifbarer machte.

Die Bandbreite der Holmes-Interpretationen zeigt, wie wandelbar die Figur ist. Während Basil Rathbone die klassische Vorstellung eines eleganten Detektivs mit Pfeife prägte, brachte Jeremy Brett eine tiefere psychologische Ebene ein. Robert

Downey Jr. machte Holmes zum Actionhelden, während Benedict Cumberbatch ihn als neurotischen Soziopathen neu definierte. Doch trotz all dieser Unterschiede bleibt Holmes im Kern immer derselbe: ein brillanter Verstand, der sich mit der Welt und seinen eigenen Dämonen auseinandersetzt.

Heute ist es wahrscheinlich, dass zukünftige Generationen von Filmemachern und Schauspielern erneut versuchen werden, Sherlock Holmes für ihre Zeit zu interpretieren. Ob in einer futuristischen Version, einer neuen klassischen Adaption oder vielleicht als vollständig digitale Figur – Holmes wird weiterleben, weil er eine universelle Figur ist, die sich an jede Epoche anpassen kann. Von Rathbone bis Cumberbatch hat sich Holmes immer wieder verwandelt, doch sein Grundprinzip bleibt unverändert: Logik, Deduktion und der unermüdliche Drang nach Wahrheit.

Die Wissenschaft der Deduktion heute

Was Holmes der modernen Forensik lehrte

Sherlock Holmes war nie nur eine literarische Figur. Er war eine Vision, ein Vorbote einer neuen Art, Verbrechen zu untersuchen. Als Arthur Conan Doyle den berühmten Detektiv im späten 19. Jahrhundert erschuf, konnte er kaum ahnen, wie tiefgreifend Holmes' Methode der Deduktion die reale Welt der Kriminalistik beeinflussen würde. Heute ist es unbestritten: Die Art und Weise, wie Holmes Tatorte untersuchte, Spuren las und Verdächtige durch präzise Beobachtung entlarvte, war ihrer Zeit weit voraus. Viele der Techniken, die er anwandte, fanden später Eingang in die moderne Forensik und sind bis heute Bestandteil kriminalistischer Arbeit.

Doyles Inspiration für Holmes' wissenschaftliche Methodik kam von Dr. Joseph Bell, einem Dozenten der Universität Edinburgh, der für seine außergewöhnlichen diagnostischen Fähigkeiten bekannt war. Bell konnte allein durch die äußere Erscheinung eines Patienten erstaunlich genaue Aussagen über dessen Beruf, Herkunft oder Lebensweise treffen. Diese Fähigkeit übertrug Doyle auf Holmes, der seine Fälle nicht durch Zufall oder Intuition, sondern durch analytisches Denken und wissenschaftliche Genauigkeit löste.

Was Holmes von anderen fiktionalen Detektiven seiner Zeit unterschied, war sein systematischer Ansatz zur

Verbrechensaufklärung. Er betrachtete einen Tatort mit der Präzision eines Wissenschaftlers, suchte nach kleinsten Details und verband diese mit logisch konstruierten Hypothesen. Während die Londoner Polizei oft im Dunkeln tappte, konnte Holmes durch scharfsinnige Beobachtung kleinste Unstimmigkeiten bemerken – eine Methode, die später zur Grundlage der modernen forensischen Wissenschaft wurde.

Ein Bereich, in dem Holmes besonders vorausschauend war, ist die Spurensicherung. In einer Zeit, in der Tatorte oft unvorsichtig betreten wurden und Beweise verloren gingen, behandelte Holmes selbst die kleinsten Details mit größter Sorgfalt. Er erkannte früh, dass Fußabdrücke, Faserspuren oder Fingerabdrücke entscheidende Hinweise liefern konnten. Diese Prinzipien wurden erst Jahrzehnte später in die tatsächliche Polizeiarbeit integriert. Insbesondere die Dactyloskopie, die Untersuchung von Fingerabdrücken zur Identifikation von Tätern, fand erst Anfang des 20. Jahrhunderts allgemeine Anerkennung – Holmes hatte die Bedeutung dieser Technik jedoch bereits in den 1880er Jahren hervorgehoben.

Auch die Chemie spielte in Holmes' Ermittlungen eine zentrale Rolle. In mehreren Geschichten führt er chemische Analysen durch, um Substanzen zu identifizieren – ob es nun um Giftstoffe, Blutproben oder Rückstände von Schießpulver geht. Heute sind Labortechniken wie Spektralanalysen oder toxikologische Untersuchungen Standardmethoden in der Kriminalwissenschaft. Holmes bewies, dass chemische Beweismittel oft eindeutiger sind als Zeugenaussagen, eine Erkenntnis, die modernen Ermittlern hilft, objektive Beweise vor Gericht zu präsentieren.

Ein weiteres Beispiel für Holmes' Einfluss ist die forensische Ballistik. In Das Tal der Angst untersucht er Schusswinkel und Geschossreste, um Rückschlüsse auf den Tathergang zu ziehen. Heute werden Schusswaffen durch vergleichende Ballistikuntersuchungen identifiziert, bei denen Patronenhülsen oder Projektilspuren mit einer bestimmten Waffe abgeglichen werden. Die Idee, dass Waffen individuelle Spuren hinterlassen, die sie eindeutig identifizierbar machen, war damals revolutionär.

Neben den technischen Aspekten prägte Holmes auch das psychologische Profiling. Er war einer der ersten fiktionalen Ermittler, der sich intensiv mit der Psyche von Tätern auseinandersetzte. Er analysierte ihre Motive, erkannte Muster in ihren Handlungen und konnte so ihre nächsten Schritte vorhersehen. Heutige Kriminalpsychologen wenden ähnliche Methoden an, um Serienverbrechen zu analysieren und Täterprofile zu erstellen.

Holmes' Arbeit hatte auch einen gesellschaftlichen Einfluss. Seine Geschichten schärften das Bewusstsein für die Bedeutung von Beweisen in Strafverfahren. In einer Zeit, in der Verurteilungen oft auf Geständnissen oder zweifelhaften Zeugenaussagen basierten, vermittelte Holmes den Gedanken, dass Beweise oberste Priorität haben sollten. Dies beeinflusste nicht nur die Polizeiarbeit, sondern auch die Wahrnehmung von Gerechtigkeit und Strafverfolgung in der Gesellschaft.

Im 20. und 21. Jahrhundert nahm die Kriminalwissenschaft viele der Techniken auf, die Holmes populär gemacht hatte. Die moderne Forensik setzt auf DNA-Analysen, computergestützte Tatortrekonstruktionen und hochpräzise chemische Tests. Doch die Grundlagen dieser Wissenschaft bleiben dieselben: systematische Beobachtung, logisches Denken und die konsequente Anwendung wissenschaftlicher Prinzipien.

Letztlich ist Sherlock Holmes mehr als nur eine literarische Figur – er ist ein Symbol für die Verbindung von Wissenschaft und Kriminalistik. Seine Methoden sind heute fester Bestandteil der polizeilichen Ermittlungsarbeit. Der große Detektiv mag fiktiv sein, doch sein Einfluss auf die reale Welt ist unbestreitbar. Von der Spurensicherung bis zum psychologischen Profiling – Holmes war seiner Zeit voraus und bleibt ein Vorbild für Ermittler auf der ganzen Welt.

Sherlock Holmes als Mythos

Warum die Figur unsterblich bleibt

Seit über einem Jahrhundert ist Sherlock Holmes eine der bekanntesten literarischen Figuren der Welt. Der brillante Detektiv mit seiner unverwechselbaren Silhouette – Deerstalker-Mütze, Inverness-Mantel und Pfeife – hat längst die Seiten der Bücher verlassen und ist zu einem kulturellen Phänomen geworden. Doch was genau macht Holmes so unsterblich? Warum fasziniert uns seine Figur heute noch genauso wie zu Zeiten von Arthur Conan Doyle? Eine tiefere Analyse zeigt, dass Holmes nicht nur ein brillanter Kriminalist ist, sondern ein Symbol für Rationalität, Unabhängigkeit und den unaufhaltsamen Drang nach Wahrheit.

Holmes steht für die Verkörperung der deduktiven Methode. In einer Welt, die sich oft als chaotisch und unlogisch erweist, bleibt er ein verlässlicher Fixpunkt der Klarheit. Seine Fähigkeit, Ordnung in das Unverständliche zu bringen, gibt ihm eine fast übermenschliche Qualität. Leser und Zuschauer werden immer wieder in seine Geschichten gezogen, weil sie den Reiz der perfekten Logik erleben wollen – ein Genuss, den das wirkliche Leben selten bietet.

Doch Holmes ist mehr als nur ein Denker. Er ist eine Figur voller Widersprüche, die ihn über seine analytischen Fähigkeiten hinaus faszinierend macht. Einerseits ist er ein brillanter Geist, ein Meister der Deduktion und des logischen Denkens. Andererseits ist er ein exzentrischer Einzelgänger, oft ungeduldig mit der Welt um ihn herum, süchtig nach intellektuellen Herausforderungen und manchmal von einer fast düsteren Melancholie durchzogen. Diese Mehrdimensionalität macht ihn menschlich und greifbar, trotz seiner überragenden Intelligenz.

Eine der größten Stärken von Holmes liegt in seiner Wandelbarkeit. Jede Epoche hat ihn auf ihre eigene Weise interpretiert, und doch bleibt sein Kern immer derselbe. Vom klassischen Holmes Basil Rathbones in den 1930er Jahren über die charismatische und düstere Darstellung von Jeremy Brett bis hin zur modernen Neuinterpretation durch Benedict Cumberbatch in Sherlock – jede Generation findet einen Holmes, der zu ihr passt. Diese Flexibilität ist ein entscheidender Grund für seine anhaltende Popularität.

Darüber hinaus erfüllt Holmes eine archetypische Rolle in unserer Vorstellung von Gerechtigkeit. In einer Welt, in der Verbrechen oft ungesühnt bleiben und die Wahrheit nicht immer ans Licht kommt, ist Holmes ein Symbol der absoluten Gerechtigkeit. Er braucht keine Autorität, keine offizielle Legitimation – seine deduktiven Fähigkeiten allein machen ihn zum ultimativen Richter über Schuld und Unschuld. Diese Autonomie macht ihn sowohl zur bewunderten als auch zur fast übermenschlichen Figur.

Seine Beziehung zu Dr. Watson ist ein weiterer Schlüsselfaktor für seine Beliebtheit. Ohne Watson wäre Holmes vielleicht zu unnahbar, zu isoliert. Watson fungiert als Brücke zwischen Holmes und dem Publikum – er stellt die Fragen, die auch der Leser hat, und bewundert Holmes, ohne ihn zu idealisieren. Die Dynamik zwischen diesen beiden Figuren ist so ikonisch, dass sie unzählige nachfolgende Detektivgeschichten geprägt hat.

Auch die Ästhetik von Holmes trägt zu seiner Unsterblichkeit bei. Das Bild des Detektivs, der in seinem dunklen Mantel durch den nebligen Straßen Londons schreitet, ist unauslöschlich in unser kulturelles Gedächtnis eingebrannt. Seine ikonische Kleidung, seine Wohnung in der Baker Street und seine unzähligen markanten Zitate haben ihn zu einem Symbol gemacht, das über die Literatur hinausreicht.

Holmes bleibt zudem deshalb faszinierend, weil er sowohl zeitlos als auch hochaktuell ist. Seine Methode der forensischen Analyse, seine wissenschaftliche Herangehensweise an Verbrechen und seine nüchterne, fast maschinelle Logik sind heute relevanter denn je. In einer Welt, die immer stärker von Daten und Analysen geprägt ist, erscheint Holmes als ein Vordenker, der moderne Kriminalistik und investigative Wissenschaft vorwegnahm.

Seine Figur ist in unzähligen Medienformen präsent – von Literatur über Film und Fernsehen bis hin zu Videospielen und Comics. Er ist Inspirationsquelle für moderne Detektivserien, von House M.D. bis Elementary, und taucht selbst in Werken auf, die gar nichts mit Kriminalgeschichten zu tun haben. Er ist mehr als eine Figur – er ist eine Idee, ein Symbol für die Kraft des menschlichen Intellekts.

Am Ende bleibt Holmes unsterblich, weil er nicht nur Kriminalfälle löst, sondern auch ein Ideal verkörpert: das Ideal eines Menschen, der durch Wissen, Logik und Disziplin jede Herausforderung meistern kann. Dieses Ideal wird immer relevant sein – und damit auch die Figur, die es in Perfektion verkörpert. Solange es Rätsel gibt, solange Menschen nach Wahrheit suchen, solange Logik über Chaos siegen soll, wird Sherlock Holmes weiterleben.

Fazit: Die Erfindung, die nie endet

Zusammenfassung und Ausblick auf die Zukunft von Sherlock Holmes

Sherlock Holmes ist mehr als nur eine literarische Figur – er ist ein Phänomen, eine lebendige Legende, die sich seit ihrer Erschaffung im Jahr 1887 stetig weiterentwickelt hat. Sein Einfluss reicht weit über die Literatur hinaus. Er hat die Kriminalistik inspiriert, die Popkultur durchdrungen und sich in das kollektive Bewusstsein von Generationen von Lesern, Film- und Serienfans eingebrannt. Doch was genau macht Holmes so zeitlos? Warum bleibt seine Faszination ungebrochen, während andere literarische Gestalten verblassen? Und vor allem: Wie sieht die Zukunft dieser ikonischen Figur aus?

Die Erfindung von Sherlock Holmes war eine Reaktion auf die Sehnsucht nach Logik, Rationalität und wissenschaftlichem Denken in einer Zeit des Wandels. Arthur Conan Doyle schuf mit ihm eine Figur, die sich den Problemen der Welt mit kühlem Verstand und analytischer Schärfe näherte – eine Eigenschaft, die auch heute noch gefragt ist. In einer Zeit, die von Fake News, Informationsflut und Unsicherheiten geprägt ist, sehnen sich Menschen nach klaren, faktenbasierten Antworten. Holmes bietet genau das: eine Verlässlichkeit in einer chaotischen Welt, einen Helden, der Verbrechen mit dem schärfsten aller Werkzeuge bekämpft – dem Verstand.

Sein Erfolg liegt auch in seiner Wandelbarkeit. Jede Generation hat ihren eigenen Sherlock Holmes hervorgebracht. Vom klassisch eleganten Holmes eines Basil Rathbone über den psychologisch nuancierten Jeremy Brett bis zum modernen, hochintelligenten und sozial unbeholfenen Holmes von Benedict Cumberbatch – die Figur passt sich der Zeit an, ohne ihren Kern zu verlieren. Selbst Guy Ritchies actiongeladene Version mit Robert Downey Jr. zeigt, dass Holmes sich mühelos an verschiedene Interpretationen anpassen kann, solange seine Essenz – die brennende Suche nach Wahrheit – erhalten bleibt.

Doch was bringt die Zukunft? Sherlock Holmes hat sich bereits in zahlreichen neuen Medienformen bewiesen. Er ist nicht nur ein Charakter in Büchern und Filmen, sondern auch in Videospielen, Hörspielen und sogar Virtual-Reality-Experimenten präsent. In einer digitalen Welt könnte Holmes seine deduktiven Fähigkeiten nutzen, um künstliche Intelligenzen zu hinterfragen oder sich als digitaler Ermittler mit Cyberkriminalität zu befassen. Sein unerschütterlicher Rationalismus würde ihn zu einem perfekten Protagonisten für Geschichten machen, die sich mit den ethischen Fragen des technologischen Fortschritts auseinandersetzen.

Ein weiterer Aspekt, der Holmes' Zukunft sichert, ist seine universelle Anwendbarkeit. Die Struktur der Sherlock-Holmes-Geschichten – ein brillanter Ermittler, sein treuer Begleiter und eine Reihe mysteriöser Fälle – kann endlos variiert werden. Sei es in futuristischen Welten, in alternativen Realitäten oder in ganz neuen Genres: Die Erzählstruktur erlaubt unzählige kreative

Neuinterpretationen. Das beweisen moderne Serien wie Sherlock, die klassische Holmes-Geschichten in die Gegenwart verlagern, oder Adaptionen, die das Konzept von Holmes in vollkommen neue Richtungen lenken, wie Elementary oder die Enola Holmes-Reihe.

Doch vielleicht liegt das wahre Geheimnis der Unsterblichkeit von Sherlock Holmes in seiner Fähigkeit, uns als Leser und Zuschauer aktiv einzubinden. Seine Geschichten fordern uns heraus, mit ihm zu denken, Hinweise zu erkennen, Schlussfolgerungen zu ziehen und den Täter zu entlarven. Diese interaktive Natur seiner Abenteuer ist einzigartig und macht Holmes zu weit mehr als nur einem passiven Helden – er ist ein intellektueller Begleiter, ein Vorbild und ein Lehrer der Logik.

Sherlock Holmes wird nicht verschwinden. Er wird sich wandeln, neue Facetten entwickeln, vielleicht in Medienformen auftreten, die wir uns heute noch nicht vorstellen können. Doch solange es Geheimnisse gibt, solange Menschen nach Wahrheit suchen, solange das Bedürfnis nach Logik und Klarheit existiert, wird es einen Platz für ihn geben. Die Erfindung, die einst mit Arthur Conan Doyle begann, wird nie enden – denn Holmes ist längst weit mehr als eine Figur. Er ist eine Idee, ein Symbol, ein Mythos, der mit der Zeit wächst, sich verändert und dabei doch immer unverkennbar bleibt.

Epilog

Die Deduktion als Prinzip der Wahrheit

Holmes sagte einmal zu Watson, dass Liebe eine emotionale Sache sei und somit dem klaren Verstand entgegenstehe. In einer modernen Welt, die zunehmend von Algorithmen und künstlicher Intelligenz geprägt wird, wirkt diese Feststellung fast prophetisch. War Holmes der erste literarische Detektiv, der eher einer Maschine als einem Menschen ähnelte? Seine unbestechliche Logik, seine Akribie und sein distanziertes Verhältnis zu Emotionen lassen diesen Gedanken zu.

Doch genau in dieser scheinbaren Unmenschlichkeit liegt seine größte Stärke – und eine tiefe Wahrheit über den Wert der Deduktion. Holmes geht von den Fakten aus, nicht von Meinungen. Er sucht keine Bestätigung seiner Überzeugungen, sondern folgt konsequent der Beweislage. Dieses Prinzip ist nicht nur in der Kriminalistik, sondern in allen Bereichen des Denkens und Entscheidens von unschätzbarem Wert. Es zeigt uns, dass wir nicht nur auf unser Bauchgefühl vertrauen sollten, sondern auf überprüfbare Tatsachen.

Wie oft in der realen Welt basieren Urteile auf Annahmen, Vorurteilen oder unvollständigen Informationen? Wenn jeder Fall mit der methodischen Gründlichkeit eines Sherlock Holmes untersucht würde, könnten viele Fehlschlüsse vermieden werden. Die wahre Lehre seiner Geschichten liegt nicht nur in der

Unterhaltung, sondern in der Forderung, unser Denken stets zu schärfen und unsere Urteile nicht vorschnell zu fällen.

Dennoch bleibt eine Frage offen: Würde eine Welt, die ausschließlich von Holmes' Logik geprägt ist, eine bessere sein? Oder brauchen wir nicht auch das, was Holmes oft ablehnt – Mitgefühl, Emotionen, Intuition? Vielleicht ist das Geheimnis seiner Faszination genau diese Spannung zwischen Ratio und Empathie, zwischen unbestechlicher Deduktion und der Unvorhersehbarkeit des menschlichen Herzens.

So bleibt Holmes eine Figur, die nicht nur Verbrechen aufklärt, sondern uns auch dazu anregt, über die Natur der Wahrheit selbst nachzudenken. Und vielleicht ist es genau diese Frage, die ihn unsterblich macht.

Über den Autor

Lutz Spilker wurde im Jahre 1955 in Duisburg geboren.

Bevor er zum Schreiben von Romanen und Dokumentationen fand, verließen bisher unzählige Kurzgeschichten, Kolumnen und Versdichtungen seine Feder.

In seinen Büchern befasst er sich vorrangig mit dem menschlichen Bewusstsein und der damit verbundenen Wahrnehmung. Seine Grenzen sind nicht die, welche mit der Endlichkeit des Denkens, des Handelns und des Lebens begrenzt werden, sondern jene, die der empirischen Denkform noch nicht unterliegen.

Es sind die Möglichkeiten des Machbaren, die Dinge, welche sich allein in der Vorstellung eines jeden Menschen darstellen und aufgrund der Flüchtigkeit des Geistes unbewiesen bleiben. Die Erkenntnis besitzt ihre Gültigkeit lediglich bis zur Erlangung einer neuen und die passiert zu jeder weiteren Sekunde.

Die Welt von Lutz Spilker beginnt dort, wo zu Beginn allen Seins nichts Fassbares war, als leerer Raum. Kein Vorne, kein Hinten, kein Oben und kein Unten. Kein Glaube, kein Wissen, keine Moral, keine Gesetze und keine Grenzen. Nichts.

In Lutz Spilkers Romanen passieren heimtückische Morde ebenso wie die Zauber eines Märchens. Seine Bücher sind oftmals Thriller, Krimi, Abenteuer, Science Fiction, Fantasy und selbst Love-Story in einem.

»Ich liebe die Sprache: Sie vermag zu streicheln, zu liebkosen und zu Tränen zu rühren. Doch sie kann ebenso stachelig sein, wie der Dorn einer Rose und mit nur einem Hieb zerschmettern.«

In dieser Reihe sind bisher erschienen

Die Erfindung der Langeweile
Die Erfindung des Geldes
Die Erfindung des Erfolgs
Die Erfindung der Lüge
Die Erfindung des Todes
Die Erfindung des Inselmenschen
Die Erfindung der Seele
Die Erfindung des Gewissens
Die Erfindung der Schuld
Die Erfindung des Friedens
Die Erfindung der Zukunft
Die Erfindung der Verschwendung
Die Erfindung der Hölle
Die Erfindung des Himmels
Die Erfindung der Unterhaltung
Die Erfindung der Musik
Die Erfindung des Zufalls
Die Erfindung des Bewusstseins
Die Erfindung des Wahrsagens
Die Erfindung des Schlafs
Die Erfindung der Angst
Die Erfindung des Vollmonds
Die Erfindung des Make-Up
Die Erfindung des Ku-Klux-Klan
Die Erfindung der Flaschenpost
Die Erfindung der politischen Parteien
Die Erfindung der Freibeuter
Die Erfindung der Tempelritter
Die Erfindung der Homöopathie
Die Erfindung des Werwolfs
Die Erfindung des Zölibats
Die Erfindung des Vampirs
Die Erfindung des Bieres
Die Erfindung des Ungeheuers von Loch Ness

Die Erfindung des Menschen
Die Erfindung des Teufels
Die Erfindung der Sterblichkeit
Die Erfindung der Freiheit
Die Erfindung der Welt
Die Erfindung der Zeit
Die Erfindung der Politik
Die Erfindung der Religion
Die Erfindung der Gerechtigkeit
Die Erfindung des Selbstgesprächs
Die Erfindung der Pornographie
Die Erfindung des Erwachsenseins
Die Erfindung der Überbevölkerung
Die Erfindung der Monarchie
Die Erfindung der Sprache
Die Erfindung der Wiedergeburt
Die Erfindung der Namen
Die Erfindung des freien Willens
Die Erfindung der Körpersprache
Die Erfindung der Sklaverei
Die Erfindung der Vernunft
Die Erfindung des Vitamin B
Die Erfindung des Weihnachtsfestes
Die Erfindung des Träumens
Die Erfindung der Mafia
Die Erfindung der Freimaurer
Die Erfindung der Raumfahrt
Die Erfindung des ADHS-Syndroms
Die Erfindung der Freizeitparks
Die Erfindung des Astralkörpers
Die Erfindung des Herkules
Die Erfindung der Philosophie
Die Erfindung der Geister
Die Erfindung der Prä-Astronautik

Die Erfindung des Voodoo

Die Erfindung des Sinns des Lebens

Die Erfindung von Atlantis

Die Erfindung der Bundeslade

Die Erfindung der 10 Gebote

Die Erfindung des Autoritätsgehorsams

Die Erfindung des Urknalls

Die Erfindung des Alphabets

Die Erfindung der Langeweile - Neuauflage

Die Erfindung des Sandmännchens

Die Erfindung der Indianer

Die Erfindung des Untergangs des Denkens

Die Erfindung des Quantencomputers

Die Erfindung der Oligarchie

Die Erfindung des Verborgenen

Die Erfindung des Stierkampfs

Die Erfindung des Einhorns

Die Erfindung des Gähnens

Die Erfindung der Ehe

Die Erfindung des Robin Hood

Die Erfindung der Popkultur

Die Erfindung des Rauchens

Die Erfindung der totalen Kontrolle

Die Erfindung der Schlacht um Troja

Die Erfindung des Mannes mit der eisernen Maske

Die Erfindung des Plato mit Strom

Die Erfindung des Weltuntergangs

Die Erfindung der Wahrheit

Die Erfindung der eigenen Meinung

Die Erfindung des Sherlock Holmes

FSC
www.fsc.org

MIX

Papier | Fördert
gute Waldnutzung

FSC® C083411

Zeitfracht Medien GmbH
Ferdinand-Jühlke-Straße 7
99095 Erfurt, Deutschland
produktsicherheit@kolibri360.de